VEGAN KOOKBOEK 2022

HEERLIJKE EN KRACHTIGE RECEPTEN OM JE LICHAAM TE VOEDEN

CLARENCE DIJK

Inhoudsopgave

4

5

6

7

8

Geroosterde Bloemkool Met Curry

INGREDINTEN

1 bloemkool, bladeren en stengels verwijderd en in hapklare roosjes gesneden

1/2 grote gele ui, in dunne reepjes gesneden

2 el extra vergine olijfolie

1/2 kop bevroren erwten

Kruiden ingrediënten

1/2 eetlepel rode kerriepoeder

1/4 tl gemalen rode peper (optioneel)

Zeezout en peper naar smaak

Verwarm je oven voor op 400ºF.

Doe de roosjes in een kom en spoel ze af onder koud water.

Giet het water af.

Bekleed een bakvorm met folie.

Leg de bloemkool en rode ui op de bakplaat.

Giet olijfolie en strooi de kruideningrediënten.

Combineer de hierboven genoemde ingrediënten grondig.

Bak gedurende 45 minuten, één keer roeren.

Ontdooi 1/2 kopje erwten terwijl de bloemkool aan het bakken is.

Haal het bloemkoolmengsel na 45 minuten uit de oven en voeg de doperwten toe.

Gooi en smeer alles in olie en kruiden.

Kerrie Garbanzo Bonen

INGREDINTEN

2 el extra vergine olijfolie

1 middelgrote rode ui, in blokjes gesneden

4 teentjes knoflook, fijngehakt

2 15 oz kan kekerbonen, uitgelekt

1 20 oz blik tomatensaus

1 kopje water

1 el rode kerriepoeder

1/2 bosje verse koriander, afgespoeld en steeltjes verwijderd en grof gehakt

Roerbak de ui en knoflook in een pan met olijfolie op middelhoog vuur tot ze zacht zijn (duurt ongeveer 4 minuten).

Giet de bonen af en voeg toe aan de pan.

Voeg de tomatensaus, water en kerriepoeder toe.

Roer alles goed gemengd.

Sudderen op middelhoog vuur.

Voeg koriander toe aan de pot.

Roer en laat sudderen tot de saus een dikke consistentie hee

14

Bruine Linzen Curry

INGREDINTEN

1 el extra vergine olijfolie

3 teentjes knoflook, gehakt

1 middelgrote rode ui, in blokjes gesneden

3 middelgrote wortelen (1/2 lb.)

1 kopje ongekookte bruine linzen

2 el kerriepoeder heet

15 oz blik tomatensaus*

Zeezout

1/2 bosje verse koriander (optioneel)

Leg de linzen op een bakplaat.

Breng 3 kopjes water aan de kook in een pan.

Voeg de linzen toe.

Kook en draai het vuur laag.

Dek af en laat 20 minuten sudderen, of tot de linzen zacht zijn.

Giet de linzen af.

Roerbak de ui, knoflook en wortelen in een pan met olijfolie op middelhoog vuur tot de uien glazig worden.

Voeg kerriepoeder toe en roerbak nog een minuut.

Voeg de linzen toe aan de pan, samen met de tomatensaus.

Roer en kook ongeveer 5 minuten.

Breng eventueel op smaak met meer zout.

Garneer met koriander en serveer met rijst, naan, pita of knapperig brood.

Salade met boerenkool en tomatenpesto

INGREDINTEN

6 kopjes boerenkool, fijngehakt

15 oz. blik witte bonen, afgespoeld en uitgelekt

1 kop gekookte quorn*, gehakt

1 kopje druiventomaten, in tweeën gesneden

1/2 kop pesto

1 grote citroen, in partjes gesneden

Doe alle ingrediënten in een kom, behalve de pesto en citroen

Voeg de pesto toe en roer tot alles bedekt is.

Garneer met citroen

Langzaam Gegaarde Marine Bonensoep

INGREDINTEN

2 el extra vergine olijfolie

6 teentjes knoflook, fijngehakt

1 middelgrote rode ui, in blokjes gesneden

1/2 pond wortelen, in dunne plakjes gesneden

4 stengels bleekselderij (1/2 bosje), gesneden

1 pond droge marinebonen, stenen verwijderd, afgespoeld en uitgelekt

1 heel laurierblad

1 tl gedroogde rozemarijn

1/2 tl gedroogde tijm

1/2 tl Spaanse paprika

Vers gekraakte peper (15-20 krukken van een pepermolen)

1 1/2 theelepel zout of meer naar smaak

Doe de olijfolie, knoflook, ui, bleekselderij en wortelen in de slowcooker.

Voeg de bonen, laurier, rozemarijn, tijm, paprika en wat versgemalen peper toe aan de slowcooker.

Voeg 6 kopjes water toe aan de slowcooker en combineer de ingrediënten.

Dek af en kook 8 uur op laag of op hoog 4 1/2 uur.

Als de soep gaar is, roer je de soep en pureer je de bonen.

Breng eventueel op smaak met meer zeezout.

Veganistische Tofu Wrap

ingrediënten

½ rode kool, gesnipperd

4 flinke eetlepels zuivelvrije yoghurt

3 el muntsaus

3 pakjes tofu van 200 g, elk in 15 blokjes gesneden

2 el tandoori currypasta

2 el olijfolie

2 rode uien, gesnipperd

2 grote teentjes knoflook, in plakjes

8 chapati's

2 limoenen, in vieren gesneden

Meng de kool, de zuivelvrije yoghurt en de muntsaus in een kom.

Kruid met peper en zout en zet apart.

Combineer de tofu, tandooripasta en 1 eetlepel olie.

Verhit olie in een pan en bak de tofu in porties goudbruin.

Haal de tofu uit de pan.

Voeg de resterende olie toe, roerbak de ui en knoflook en kook 9 minuten.

Doe de tofu terug in de pan

Voeg meer zout toe.

Verzamelen

Verwarm de chapati's volgens de instructies op de verpakking.

Top elk met kool, tofu en een scheutje limoensap.

Veganistische Burrito Bowl Met Chipotle

ingrediënten

125 g basmatirijst

1 el extra vergine olijfolie

3 teentjes knoflook, gesnipperd

400 g zwarte bonen uit blik, uitgelekt en afgespoeld

1 el ciderazijn

1 tl honing

1 el chipotlepasta

100 g gehakte boerenkool

1 avocado gehalveerd en in plakjes

1 middelgrote tomaat gesneden

1 kleine gele ui, gesnipperd

Serveren (optioneel)

chipotle hete saus

koriander blaadjes

partjes limoen

Kook de rijst volgens de aanwijzingen op de verpakking en houd warm.

Verhit de olie in een pan, voeg de knoflook toe en roer tot deze goudbruin is.

Voeg de bonen, azijn, honing en chipotle toe.

Op smaak brengen met zeezout

Kook 2 min.

Kook de boerenkool min. en laat overtollig vocht weglopen.

Verdeel de rijst gelijkmatig. kommen.

Top met bonen, boerenkool, avocado, tomaat en ui.

Bestrooi met hete saus, koriander en partjes limoen.

Simpele Vegan Black Bean Chili

ingrediënten

2 el extra vergine olijfolie

6 teentjes knoflook, fijngesneden

2 grote rode uien, gesnipperd

3 el zoete pimenton of milde chilipoeder

3 eetlepels gemalen komijn

Zeezout, naar smaak

3 el ciderazijn

2 eetlepels honing

2 (14 oz.) blikjes gehakte tomaten

2 (14 oz.) blikken zwarte bonen, afgespoeld en uitgelekt

Voor garnering: verkruimelde vegan kaas, gehakte lente-uitjes, gesneden radijs, avocado stukjes, zure room

Verhit de olijfolie en fruit de knoflook en uien tot ze zacht zijn.

Roer de piment en komijn erdoor, kook 3 minuten,

25

Voeg de azijn, honing, tomaten en zeezout toe.

Kook nog 10 min.

Voeg de bonen toe en kook nog 10 min.

Serveer met rijst en bestrooi met de ingrediënten voor de garnering.

Indiase Rode Linzen En Tomaten Roerbak

ingrediënten

200 g rode linzen, afgespoeld

2 el olijfolie als je veganist bent

1 kleine rode ui, fijngesnipperd

4 teentjes knoflook, fijngehakt

Snufje kurkuma

½ tl garam masala

koriander, om te serveren

1 kleine tomaat, in stukjes

Kook de linzen in 1 liter water en een snufje zout. Breng 25 minuten aan de kook, schep de bubbels van bovenaf af.

Dek af en kook gedurende 40 minuten, meer tot het ingedikt is.

Verhit de olie in een pan op middelhoog vuur.

Roerbak de ui en knoflook tot de ui zacht wordt.

Voeg de kurkuma en garam masala toe en kook nog een minuut.

Doe de linzen in een kom en garneer met de helft van het uienmengsel.

Garneer met koriander en tomaat.

Levantijnse kikkererwten- en erwtensalade

ingrediënten

½ kopje extra vierge olijfolie

1 el garam masala

2 (14 oz.) blikken kikkererwten, uitgelekt en afgespoeld

½ pond kant-en-klaar zakje met gemengde granen

½ pond bevroren erwten

2 citroenen, geraspt en geperst

1 groot pak peterselie, blaadjes grof gehakt

1 grote muntblaadjes, grof gehakt

Halve pond radijsjes, grof gehakt

1 komkommer, in stukjes

granaatappelpitjes, om te serveren

Verwarm je oven voor op 392 graden F.

Voeg kopje olie toe met de garam masala en voeg wat zout toe.

Combineer dit met de kikkererwten in een grote braadpan en kook gedurende 15 minuten. of tot ze knapperig zijn.

Voeg de gemengde granen, erwten en citroenschil toe.

Roer en zet terug in de oven voor ongeveer 10 minuten.

Meng met de kruiden, radijs, komkommer, resterende olie en citroensap.

Breng op smaak met meer zout en garneer met de granaatappelpitjes.

Wortel en Kardemom Soep

ingrediënten

1 grote rode ui, fijngesnipperd

4 dikke teentjes knoflook, geplet

1 grote wortel, fijngehakt

stukje gember ter grootte van een duim, geschild en fijngehakt

2 el olijfolie

Snufje kurkuma

Zaden van 10 kardemompeulen

1 tl komijn, zaden of gemalen

¼ pond rode linzen

1 kopje lichte kokosmelk

rasp en sap 1 citroen

snufje chilivlokken

handvol peterselie, gehakt

Verhit wat olie in een pan en bak de uien, knoflook, wortel en gember tot ze zacht zijn.

Voeg de kurkuma, kardemom en komijn toe.

Laat nog een paar minuten koken tot de kruiden aromatisch worden.

Voeg de linzen, kokosmelk, 1 kopje water toe.

Kook en laat 15 minuten sudderen tot de linzen zacht zijn.

Verwerk met een staafmixer, pulseer de soep tot hij grof is.

Garneer met citroenrasp en sap.

Breng op smaak met zout, chili en kruiden.

Verdeel over kommen en bestrooi met meer citroenschil.

Bloemkool & Basmati Rijst Pilaf

ingrediënten

1 el olijfolie

2 grote rode uien, gesnipperd

1 el currypasta naar keuze

½ pond basmatirijst

¾ pond bloemkoolroosjes

1 pond kikkererwten, afgespoeld en uitgelekt

2 kopjes groentebouillon

1/8 kopje geroosterde amandelschilfers

handje gehakte koriander

Verhit de olie in een pan en fruit de uien 5 minuten op middelhoog vuur tot ze bruin beginnen te worden.

Voeg de currypasta toe en bak 1 min.

Voeg de rijst, bloemkool en kikkererwten toe.

Combineer dit alles om te coaten.

Voeg de bouillon toe en roer goed door elkaar.

Dek af en laat 12 ½ minuut sudderen of tot de rijst en bloemkool zacht zijn en al het vocht is ingekookt.

Voeg de amandelen en koriander toe.

Veganistisch Coleslaw Print Recept

INGREDINTEN

¼ grote kool (375 gram), versnipperd met een mes of mandoline

1 grote wortel, geschild en julienne gesneden

½ middelgrote witte ui, in dunne plakjes gesneden

Dressing Ingrediënten

3 eetlepels aquafaba (kookvocht van kikkererwten)

½ kopje canola-olie

1 eetlepel appelciderazijn

2 eetlepels citroensap

2 eetlepels honing

½ theelepel zeezout, of meer naar smaak

Doe de groenten bij elkaar in een kom.

Voeg de aquafaba toe in een blender en besprenkel langzaam met de olie.

Voeg de overige dressingingrediënten toe en mix.

Giet deze dressing over de groenten en hussel door elkaar.

Proef en voeg zout toe.

Avocado Crème Pasta

ingrediënten

2 avocado's, ontpit en in blokjes gesneden

3 teentjes knoflook, fijngehakt

Sap van 1/2 citroen

1/4 kop ongezoete amandelmelk

1/4 kopje water

Zeezout, naar smaak

Rode pepervlokken, naar smaak

4 gehalveerde cherrytomaatjes als garnering (optioneel)

2 kopjes gekookte pasta

Mix de avocado's, knoflook en citroensap in een blender.

Voeg langzaam de amandelmelk en het water toe aan het mengsel.

Voeg zeezout en rode pepervlokken toe.

Gooi met je gekookte pasta.

Veganistische Quorn Salade

16 oz. quorn, gekookt

2 theel. vers citroensap

1 stengel bleekselderij, in blokjes gesneden

1/3 kop gehakte groene uien

1 kopje veganistische mayonaise

1 theelepel. Engelse mosterd

Zeezout en peper naar smaak

Meng het quorn-citroensap, de bleekselderij en de uien goed door elkaar.

Voeg de vegan mayonaise en de mosterd toe aan dit mengsel.

Kruid met zeezout en peper.

Koel en serveer.

Veganistische macaroni en kaas

ingrediënten

3 1/2 kopjes elleboog macaroni

1/2 kopje veganistische margarine

1/2 kop meel

3 1/2 kopjes kokend water

1-2 theel. zeezout

2 eetlepels. sojasaus

1 1/2 theel. knoflook poeder

Snufje kurkuma

1/4 kopje olijfolie

1 kopje voedingsgistvlokken

Spaanse Paprika, naar smaak

Verwarm je oven voor op 350 ° F.

Kook de elleboogmacaroni volgens de aanwijzingen op de verpakking.

Giet de noedels af.

Verwarm in een pan de vegan margarine op laag vuur tot hij gesmolten is.

Voeg toe en klop de bloem.

Blijf kloppen en verhoog tot middelhoog vuur tot het glad en bruisend is.

Voeg het kokende water, zout, sojasaus, knoflookpoeder en kurkuma toe en klop het erdoor.

Blijf kloppen tot het is opgelost.

Als het dik en bruisend is, klop je de olie en de gistvlokken erdoor.

Meng 3/4 van de saus met de noedels en doe in een ovenschaal.

Schenk de rest van de saus erbij en breng op smaak met de paprika.

Bak gedurende 15 minuten.

Rooster ze enkele minuten knapperig..

Mexicaanse noedelsoep met engelenhaar

5 grote tomaten, in grote blokjes gesneden

1 middelgrote rode ui, in grote blokjes gesneden

3 teentjes knoflook

2 eetlepels. olijfolie

16 oz. engelenhaarpasta, in stukjes van 1 inch gebroken

32 oz. groentebouillon

1/2 theel. zeezout

1/2 eetl. zwarte peper

2 eetlepels. oregano

2 eetlepels. komijn

Chilivlokken, gehakte Serrano-pepers of in blokjes gesneden jalapeños, naar smaak (optioneel)

Koriander, soja-zure room en gesneden avocado, voor garnering (optioneel)

Pureer de tomaten, rode ui, knoflook en olie.

Breng over naar a en kook op middelhoog vuur.

Voeg de noedels, bouillon, zout, peper, oregano en komijn toe.

Voeg de chilivlokken, Serrano pepers toe.

Kook 13 ½ minuut en laat sudderen tot de noedels zacht zijn.

Garneer met koriander, sojaroom of avocado.

Veganistische pizza

ingrediënten

1 stuk vegan naan (Indiaas flatbread)

2 eetlepels. tomatensaus

1/4 kop geraspte veganistische mozzarella (merk Daiya)

1/4 kop gehakte verse champignons

3 dunne plakjes tomaat

2 vegan gehaktballetjes Quorn, ontdooid (indien ingevroren) en in kleine stukjes gesneden

1 theelepel. veganistische Parmezaanse kaas

Snufje gedroogde basilicum

Snufje gedroogde oregano

½ theelepel. zeezout

Verwarm je oven voor op 350ºF.

Leg de naan op een bakplaat.

Verdeel de saus gelijkmatig over de bovenkant en bestrooi met de helft van de vegan mozzarella-snippers.

Voeg de champignons, plakjes tomaat en veganistische stukjes gehaktbal toe.

Beleg met de rest van de vegan mozzarella-snippers.

Kruid lichtjes met de vegan Parmezaanse kaas, basilicum en oregano.

Bak gedurende 25 minuten.

Aardbeien- en boerenkoolcitrussalade

ingrediënten

1 bos boerenkool, ontsteld en in hapklare stukjes gescheurd

1 pond aardbeien, in plakjes

1/4 kop gesneden amandelen

Dressing Ingrediënten

Sap van 1 citroen

3 eetl. extra vergine olijfolie

1 eetl. honing

1/8 theel. zeezout

1/8 theel. witte peper

3-4 eetl. sinaasappelsap

Meng in een kom de boerenkool, aardbeien en amandelen.

Combineer alle dressingingrediënten en giet over de salade.

Maakt 3 tot 4 porties

Tofu Roerbak

1 pakje stevige tofu, uitgelekt en gepureerd

Sap van 1/2 citroen

1/2 theel. zout

1/2 theel. kurkuma

1 eetl. extra vergine olijfolie

1/4 kop in blokjes gesneden groene paprika

1/4 kop in blokjes gesneden rode ui

3 teentjes knoflook, fijngehakt

1 eetl. gehakte bladpeterselie

1 eetl. veganistische spekjes (optioneel)

Peper, naar smaak (optioneel)

Meng in een kom de verkruimelde tofu, het citroensap, het zout en de kurkuma grondig.

Verhit de olie op middelhoog vuur en voeg de paprika, ui en knoflook toe.

Roerbak 2 1/2 minuut, of tot ze net zacht zijn.

Voeg het tofumengsel toe en kook 15 minuten.

Garneer met de peterselie, de stukjes sojaspek en peper.

Spinazie Roerbak

1 pakje stevige spinazie, afgespoeld en uitgelekt

Sap van 1/2 citroen

1/2 theel. zout

1/2 theel. kurkuma

1 eetl. extra vergine olijfolie

1/4 kop in blokjes gesneden groene paprika

1/4 kop in blokjes gesneden rode ui

3 teentjes knoflook, fijngehakt

1 eetl. gehakte bladpeterselie

1 eetl. veganistische spekjes (optioneel)

Peper, naar smaak (optioneel)

Meng in een kom de spinazie, het citroensap, het zout en de kurkuma grondig.

Verhit de olie op middelhoog vuur en voeg de paprika, ui en knoflook toe.

Roerbak 2 1/2 minuut, of tot ze net zacht zijn.

Voeg het tofumengsel toe en kook 15 minuten.

Garneer met de peterselie, de stukjes sojaspek en peper.

Waterkers Roerbak

1 pakje stevige waterkers, afgespoeld en uitgelekt

Sap van 1/2 citroen

1/2 theel. zout

1/2 theel. kurkuma

1 eetl. extra vergine olijfolie

1/4 kop in blokjes gesneden groene paprika

1/4 kop in blokjes gesneden rode ui

3 teentjes knoflook, fijngehakt

1 eetl. gehakte bladpeterselie

1 eetl. veganistische spekjes (optioneel)

Peper, naar smaak (optioneel)

Meng in een kom de waterkers, het citroensap, het zout en de kurkuma grondig.

Verhit de olie op middelhoog vuur en voeg de paprika, ui en knoflook toe.

Roerbak 2 1/2 minuut, of tot ze net zacht zijn.

Voeg het tofumengsel toe en kook 15 minuten.

Garneer met de peterselie, de stukjes sojaspek en peper.

Boerenkool Roerbak

1 pakje stevige boerenkool, afgespoeld en uitgelekt

Sap van 1/2 citroen

1/2 theel. zout

1/2 theel. kurkuma

1 eetl. extra vergine olijfolie

1/4 kop in blokjes gesneden groene paprika

1/4 kop in blokjes gesneden rode ui

3 teentjes knoflook, fijngehakt

1 eetl. gehakte bladpeterselie

1 eetl. veganistische spekjes (optioneel)

Peper, naar smaak (optioneel)

Meng in een kom de boerenkool, het citroensap, het zout en de kurkuma grondig.

Verhit de olie op middelhoog vuur en voeg de paprika, ui en knoflook toe.

Roerbak 2 1/2 minuut, of tot ze net zacht zijn.

Voeg het tofumengsel toe en kook 15 minuten.

Garneer met de peterselie, de stukjes sojaspek en peper.

Bok Choy Roerbak

1 bos paksoi, afgespoeld en uitgelekt

1/2 theel. zout

1/2 theel. kurkuma

1 eetl. extra vergine olijfolie

1/4 kop in blokjes gesneden groene paprika

1/4 kop in blokjes gesneden rode ui

3 teentjes knoflook, fijngehakt

1 eetl. gehakte bladpeterselie

1 eetl. veganistische spekjes (optioneel)

Peper, naar smaak (optioneel)

Meng in een kom de paksoi en het zout grondig.

Verhit de olie op middelhoog vuur en voeg de paprika, ui en knoflook toe.

Roerbak 2 1/2 minuut, of tot ze net zacht zijn.

Voeg het tofumengsel toe en kook 15 minuten.

Garneer met de peterselie, de stukjes sojaspek en peper.

Choy Sum Roerbak

1 bos choy sum, afgespoeld en uitgelekt

1/2 tl.zeezout

1 eetl. sesamolie

1/4 kop in blokjes gesneden groene paprika

1/4 kop in blokjes gesneden rode ui

3 teentjes knoflook, fijngehakt

1 eetl. gehakte bladpeterselie

1 eetl. veganistische spekjes (optioneel)

Peper, naar smaak (optioneel)

Meng in een kom de choy sum en het zout goed door elkaar.

Verhit de olie op middelhoog vuur en voeg de paprika, ui en knoflook toe.

Roerbak 2 1/2 minuut, of tot ze net zacht zijn.

Voeg het tofumengsel toe en kook 15 minuten.

Garneer met de peterselie, de stukjes sojaspek en peper.

Broccoli Roerbak

20 stuks. broccoli, afgespoeld, afgespoeld en uitgelekt

Sap van 1/2 citroen

1/2 theel. zout

1/2 theel. kurkuma

1 eetl. extra vergine olijfolie

1/4 kop in blokjes gesneden groene paprika

1/4 kop in blokjes gesneden rode ui

3 teentjes knoflook, fijngehakt

1 eetl. gehakte bladpeterselie

1 eetl. veganistische spekjes (optioneel)

Peper, naar smaak (optioneel)

Meng in een kom de broccoli, het citroensap, het zout en de kurkuma grondig.

Verhit de olie op middelhoog vuur en voeg de paprika, ui en knoflook toe.

Roerbak 2 1/2 minuut, of tot ze net zacht zijn.

Voeg het tofumengsel toe en kook 15 minuten.

Garneer met de peterselie, de stukjes sojaspek en peper.

Veganistische pizza met gevulde korst

ingrediënten

1 doos pizzadeeg (of maak het zelf)

1 blok vegan zuivelvrije mozzarella, in reepjes gesneden

1/3 kopje veganistische pizzasaus

1 middelgrote tomaat, in dunne plakjes gesneden

3 verse basilicumblaadjes, grof gehakt en gedoopt in olijfolie

1 eetl. extra vergine olijfolie

Verwarm je oven voor op 450°.

Strek het pizzadeeg uit tot de gewenste dikte en leg het op een licht geoliede en met bloem bestoven bakplaat.

Leg de veganistische mozzarella rond de randen van de pizza en rol de randen van het deeg op over elke strook en druk naar beneden om een zak kaas te maken.

Versnipper de resterende zuivelvrije mozzarella.

Verdeel de pizzasaus over het deeg en bestrooi met de geraspte vegan kaas.

Garneer met de plakjes tomaat en basilicumblaadjes.

Bak 20 minuten, of tot de korst mooi bruin is.

Veganistische Alfredo-saus

1/4 kopje veganistische margarine

3 teentjes knoflook, fijngehakt

2 kopjes gekookte witte bonen, gespoeld en uitgelekt

1 1/2 kopjes ongezoete amandelmelk

Zeezout en peper naar smaak

Peterselie (optioneel)

Smelt de vegan margarine op laag vuur.

Voeg de knoflook toe en bak 2 ½ minuut.

Breng over naar een keukenmachine, voeg de bonen en 1 kopje amandelmelk toe.

Mixen tot een gladde substantie.

Schenk de saus in de pan op laag vuur en breng op smaak met peper en zout.

Voeg de peterselie toe.

Kook tot het warm is.

Broodje Avocado Salade

1 15-oz. kan kekerbonen, gespoeld, uitgelekt en gevild

1 grote, rijpe avocado

1/4 kop gehakte verse koriander

2 eetlepels. gehakte groene uien

Sap van 1 limoen

Zeezout en peper naar smaak

Brood naar keuze

Sla

Tomaat

Prak de kekerbonen en avocado met een vork.

Voeg koriander, groene uien en limoensap toe en roer

Kruid met peper en zout.

Smeer op je favoriete brood en garneer met sla en tomaat

Veganistische Fajita's

ingrediënten

1 blik Refried Beans (15oz)

1 blik Pinto Bonen (15oz), uitgelekt en afgespoeld

1/4 kop salsa

1 Rode ui in reepjes gesneden

1 groene paprika in reepjes gesneden

2 eetlepels limoensap

2 tl Fajita Kruidenmix (zie hieronder)

Tortilla's

Fajita Kruidenmix

1 eetl. Maïszetmeel

2 tl Chilipoeder

1 tl Spaanse Paprika

1 tl honing

1/2 tl Zeezout

1/2 theelepel uienpoeder

1/2 theelepel Knoflookpoeder

1/2 theelepel gemalen komijn

1/8 theelepel cayennepeper

Laat de salsa en de bonen sudderen tot ze warm zijn.

Voeg de fajita-kruiden toe en meng (laat 2 theelepels achter) meng de ingrediënten in een kleine kom.

Fruit de ui, paprika en 2 tl kruidenmix in water en limoensap

Ga door tot de vloeistof verdampt en de groenten bruin beginnen te worden

Leg de bonen in het midden van de tortilla.

Laag met de geroerbakte groenten en toppings.

Rol het op en serveer.

Boterkop Sla en Tomatensalade

Ingrediënten:

8 ons veganistische kaas

6 kopjes botersla, 3 bundels, bijgesneden

1/4 Europese of pitloze komkommer, in de lengte gehalveerd en vervolgens in dunne plakjes gesneden

3 eetlepels gehakte of geknipte bieslook

16 kerstomaatjes

1/2 kop gesneden walnoten

1/4 witte ui, gesnipperd

2 tot 3 eetlepels gehakte dragonblaadjes

Zout en peper naar smaak

Dressing

1 kleine sjalot, fijngehakt

1 eetlepel gedistilleerde witte azijn

1/4 citroen, geperst, ongeveer 2 theelepels

1/4 kopje extra vergine olijfolie

Voorbereiding

Combineer alle dressingingrediënten in een keukenmachine.

Gooi met de rest van de ingrediënten en meng goed.

Frisee- en amandelsalade

Ingrediënten:

8 ons veganistische kaas

6 tot 7 kopjes friseesla, 3 bundels, bijgesneden

1/4 Europese of pitloze komkommer, in de lengte gehalveerd en vervolgens in dunne plakjes gesneden

3 eetlepels gehakte of geknipte bieslook

16 kerstomaatjes

1/2 kop gesneden amandelen

1/4 witte ui, gesnipperd

2 tot 3 eetlepels gehakte dragonblaadjes

Zout en peper naar smaak

Dressing

1 kleine sjalot, fijngehakt

1 eetlepel gedistilleerde witte azijn

1/4 citroen, geperst, ongeveer 2 theelepels

1/4 kopje extra vergine olijfolie

Voorbereiding

Combineer alle dressingingrediënten in een keukenmachine.

Gooi met de rest van de ingrediënten en meng goed.

Romaine Sla en Cashew Salade

Ingrediënten:

8 ons veganistische kaas

6 tot 7 kopjes romaine sla, 3 bundels, bijgesneden

1/4 Europese of pitloze komkommer, in de lengte gehalveerd en vervolgens in dunne plakjes gesneden

3 eetlepels gehakte of geknipte bieslook

16 kerstomaatjes

1/2 kop gesneden cashewnoten

1/4 witte ui, gesnipperd

2 tot 3 eetlepels gehakte rozemarijnblaadjes

Zout en peper naar smaak

Dressing

1 kleine sjalot, fijngehakt

1 eetlepel gedistilleerde witte azijn

1/4 citroen, geperst, ongeveer 2 theelepels

1/4 kopje extra vergine olijfolie

Voorbereiding

Combineer alle dressingingrediënten in een keukenmachine.

Gooi met de rest van de ingrediënten en meng goed.

Salade van ijsbergsla en pinda's

Ingrediënten:

6 tot 7 kopjes ijsbergsla, 3 bundels, bijgesneden

1/4 komkommer zonder pit, in de lengte gehalveerd en vervolgens in dunne plakjes

3 eetlepels gehakte of geknipte bieslook

16 kleine tomaten

1/2 kop pinda's

1/4 vidalla-ui, gesneden

2 tot 3 eetlepels gehakte tijmblaadjes

Zout en peper naar smaak

8 ons veganistische kaas

Dressing

1 kleine sjalot, fijngehakt

1 eetlepel gedistilleerde witte azijn

1/4 citroen, geperst, ongeveer 2 theelepels

1/4 kopje extra vergine olijfolie

½ theelepel. Engelse mosterd

Voorbereiding

Combineer alle dressingingrediënten in een keukenmachine.

Gooi met de rest van de ingrediënten en meng goed.

Frisee- en walnotensalade

Ingrediënten:

7 kopjes friseesla, 3 bundels, getrimd

1/4 komkommer, in de lengte gehalveerd en vervolgens in dunne plakjes

3 eetlepels gehakte of geknipte bieslook

16 kerstomaatjes

1/2 kop gehakte walnoten

1/4 witte ui, gesnipperd

2 tot 3 eetlepels gehakte dragonblaadjes

Zout en peper naar smaak

8 ons veganistische kaas

Dressing

1 kleine groene uien, fijngehakt

1 eetlepel gedistilleerde witte azijn

1/4 citroen, geperst, ongeveer 2 theelepels

1/4 kopje extra vergine olijfolie

Voorbereiding

Combineer alle dressingingrediënten in een keukenmachine.

Gooi met de rest van de ingrediënten en meng goed.

74

Boterkop Sla en Walnotensalade

Ingrediënten:

6 tot 7 kopjes kropsla, 3 bundels, bijgesneden

1/4 Europese of pitloze komkommer, in de lengte gehalveerd en vervolgens in dunne plakjes gesneden

3 eetlepels gehakte of geknipte bieslook

16 kerstomaatjes

1/2 kop gesneden walnoten

1/4 rode ui, gesnipperd

2 tot 3 eetlepels gehakte dragonblaadjes

Zout en peper naar smaak

8 ons veganistische kaas

Dressing

1 kleine sjalot, fijngehakt

1 eetlepel gedistilleerde witte azijn

1/4 citroen, geperst, ongeveer 2 theelepels

1/4 kopje extra vergine olijfolie

1 eetl. eivrije mayonaise

Voorbereiding

Combineer alle dressingingrediënten in een keukenmachine.

Gooi met de rest van de ingrediënten en meng goed.

Romaine Sla Cherry Tomaten En Amandel Salade

Ingrediënten:

6 tot 7 kopjes Romaine sla, 3 bundels, bijgesneden

1/4 Europese of pitloze komkommer, in de lengte gehalveerd en vervolgens in dunne plakjes gesneden

3 eetlepels gehakte of geknipte bieslook

16 kerstomaatjes

1/2 kop gesneden amandelen

1/4 witte ui, gesnipperd

2 theel. Provençaalse kruiden

Zout en peper naar smaak

6 ons veganistische kaas

Dressing

1 kleine sjalot, fijngehakt

1 eetlepel gedistilleerde witte azijn

1/4 citroen, geperst, ongeveer 2 theelepels

1/4 kopje extra vergine olijfolie

Voorbereiding

Combineer alle dressingingrediënten in een keukenmachine.

Gooi met de rest van de ingrediënten en meng goed.

Bibb Sla Tomaten En Walnoot Salade

Ingrediënten:

7 kopjes Bibb-sla, 3 bundels, bijgesneden

1/4 Europese of pitloze komkommer, in de lengte gehalveerd en vervolgens in dunne plakjes gesneden

3 eetlepels gehakte of geknipte bieslook

16 kerstomaatjes

1/2 kop gesneden walnoten

1/4 witte ui, gesnipperd

2 tot 3 eetlepels gehakte dragonblaadjes

Zout en peper naar smaak

8 ons veganistische kaas

Dressing

1 kleine sjalot, fijngehakt

1 eetlepel gedistilleerde witte azijn

1/4 citroen, geperst, ongeveer 2 theelepels

1/4 kopje extra vergine olijfolie

Mayonaise zonder eieren

Voorbereiding

Combineer alle dressingingrediënten in een keukenmachine.

Gooi met de rest van de ingrediënten en meng goed.

Boston Sla Tomaat-Amandelsalade

Ingrediënten:

6 kopjes Boston-sla, 3 bundels, bijgesneden

1/4 Europese of pitloze komkommer, in de lengte gehalveerd en vervolgens in dunne plakjes gesneden

3 eetlepels gehakte of geknipte bieslook

16 kerstomaatjes

1/2 kop gesneden amandelen

1/4 rode ui, gesnipperd

2 tot 3 eetlepels gehakte dragonblaadjes

Zout en peper naar smaak

8 ons veganistische kaas

Dressing

1 kleine sjalot, fijngehakt

1 eetlepel gedistilleerde witte azijn

1/4 citroen, geperst, ongeveer 2 theelepels

1/4 kopje extra vergine olijfolie

1 theelepel. Dijon mosterd

Voorbereiding

Combineer alle dressingingrediënten in een keukenmachine.

Gooi met de rest van de ingrediënten en meng goed.

Stamsla Komkommer en Amandelsalade

Ingrediënten:

6 tot 7 kopjes stengelsla, 3 bundels, bijgesneden

1/4 komkommer, in de lengte gehalveerd en vervolgens in dunne plakjes

3 eetlepels gehakte of geknipte bieslook

2 mango's, in blokjes

1/2 kop gesneden amandelen

1/4 witte ui, gesnipperd

2 tot 3 eetlepels gehakte dragonblaadjes

Zout en peper naar smaak

8 ons veganistische kaas

Dressing

1 kleine sjalot, fijngehakt

1 eetlepel gedistilleerde witte azijn

1/4 limoen, geperst, ongeveer 2 theelepels

1/4 kopje extra vergine olijfolie

1 eetl. honing

1 theelepel. Engelse mosterd

Voorbereiding

Combineer alle dressingingrediënten in een keukenmachine.

Gooi met de rest van de ingrediënten en meng goed.

Stamsla Cherry Tomaten en Macadamia Notensalade

Ingrediënten:

7 kopjes stengelsla, 3 bundels, bijgesneden

1/4 Europese of pitloze komkommer, in de lengte gehalveerd en vervolgens in dunne plakjes gesneden

3 eetlepels gehakte of geknipte bieslook

16 kerstomaatjes

1/2 kopje macadamianoten

1/4 rode ui, gesnipperd

2 tot 3 eetlepels verse tijm

Zout en peper naar smaak

8 ons veganistische kaas

Dressing

1 kleine sjalot, fijngehakt

1 eetlepel gedistilleerde witte azijn

1/4 citroen, geperst, ongeveer 2 theelepels

1/4 kopje extra vergine olijfolie

1 eetl. honing

1 theelepel. Dijon mosterd

Voorbereiding

Combineer alle dressingingrediënten in een keukenmachine.

Gooi met de rest van de ingrediënten en meng goed.

Boterkop Sla Cherry Tomaten en Cashew Salade

Ingrediënten:

7 kopjes kropsla, 3 bundels, bijgesneden

1/4 Europese of pitloze komkommer, in de lengte gehalveerd en vervolgens in dunne plakjes gesneden

3 eetlepels gehakte of geknipte bieslook

15 kerstomaatjes

1/2 kopje cashewnoten

1/4 witte ui, gesnipperd

2 tot 3 eetlepels gehakte dragonblaadjes

Zout en peper naar smaak

8 ons veganistische kaas

Dressing

1 kleine sjalot, fijngehakt

1 eetlepel gedistilleerde witte azijn

1/4 citroen, geperst, ongeveer 2 theelepels

1/4 kopje extra vergine olijfolie

Voorbereiding

Combineer alle dressingingrediënten in een keukenmachine.

Gooi met de rest van de ingrediënten en meng goed.

Romaine Sla Cherry Tomaten en Macadamia Notensalade

Ingrediënten:

6 ½ kopjes romaine sla, 3 bundels, bijgesneden

1/4 Europese of pitloze komkommer, in de lengte gehalveerd en vervolgens in dunne plakjes gesneden

3 eetlepels gehakte of geknipte bieslook

16 kerstomaatjes

1/2 kopje macadamianoten

1/4 witte ui, gesnipperd

2 tot 3 eetlepels gehakte dragonblaadjes

Zout en peper naar smaak

8 ons veganistische kaas

Dressing

1 kleine sjalot, fijngehakt

1 eetlepel gedistilleerde witte azijn

1/4 citroen, geperst, ongeveer 2 theelepels

1/4 kopje extra vergine olijfolie

Voorbereiding

Combineer alle dressingingrediënten in een keukenmachine.

Gooi met de rest van de ingrediënten en meng goed.

84

IJsbergsla Appels en Walnoot Salade

Ingrediënten:

8 ons veganistische kaas

6 tot 7 kopjes ijsbergsla, 3 bundels, bijgesneden

1/4 Europese of pitloze komkommer, in de lengte gehalveerd en vervolgens in dunne plakjes gesneden

3 eetlepels gehakte of geknipte bieslook

2 appels, klokhuis verwijderd en in blokjes van 2 inch gesneden

1/2 kop gesneden walnoten

1/4 witte ui, gesnipperd

2 tot 3 eetlepels gehakte dragonblaadjes

Zout en peper naar smaak

Dressing

1 kleine sjalot, fijngehakt

2 eetlepels gedistilleerde witte azijn

1/4 kopje sesamolie

1 theelepel honing

½ theelepel. eivrije mayonaise

Voorbereiding

Combineer alle dressingingrediënten in een keukenmachine.

Gooi met de rest van de ingrediënten en meng goed.

Sla Tomaten en Amandelsalade

Ingrediënten:

8 ons veganistische kaas

7 kopjes losse bladsla, 3 bundels, bijgesneden

1/4 Europese of pitloze komkommer, in de lengte gehalveerd en vervolgens in dunne plakjes gesneden

3 eetlepels gehakte of geknipte bieslook

16 kerstomaatjes

1/2 kop gesneden amandelen

1/4 rode ui, gesnipperd

2 tot 3 eetlepels gehakte tijm

Zout en peper naar smaak

Dressing

1 kleine sjalot, fijngehakt

1 eetlepel gedistilleerde witte azijn

1/4 citroen, geperst, ongeveer 2 theelepels

1/4 kopje extra vergine olijfolie

1 eetl. mayonaise zonder ei

Voorbereiding

Combineer alle dressingingrediënten in een keukenmachine.

Gooi met de rest van de ingrediënten en meng goed.

Friseekersen en Macadamia Notensalade

Ingrediënten:

6 tot 7 kopjes friseesla, 3 bundels, bijgesneden

1/4 Europese of pitloze komkommer, in de lengte gehalveerd en vervolgens in dunne plakjes gesneden

3 eetlepels gehakte of geknipte bieslook

16 kersen, ontpit

1/2 kopje macadamianoten

1/4 rode ui, gesnipperd

2 tot 3 eetlepels gehakte dragonblaadjes

Zeezout en peper naar smaak

8 ons veganistische kaas

Dressing

1 eetl. bieslook, geknipt

1 eetlepel gedistilleerde witte azijn

1/4 citroen, geperst, ongeveer 2 theelepels

1/4 kopje extra vergine olijfolie

1 eetl. honing

Voorbereiding

Combineer alle dressingingrediënten in een keukenmachine.

Gooi met de rest van de ingrediënten en meng goed.

Romaine Sla Druiven En Walnoot Salade

Ingrediënten:

7 losse romaine sla, 3 bundels, bijgesneden

1/4 komkommer, in de lengte gehalveerd en vervolgens in dunne plakjes

4 eetlepels gehakte of geknipte bieslook

16 druiven

1/2 kop gesneden walnoten

1/4 witte ui, gesnipperd

Zout en peper naar smaak

Dressing

2 eetlepels gedistilleerde witte azijn

1/4 kopje sesamolie

1 theelepel. Hoi Sin saus

Voorbereiding

Combineer alle dressingingrediënten in een keukenmachine.

Gooi met de rest van de ingrediënten en meng goed.

Botersla Cherry Tomaten en Thaise Basilicum Salade

Ingrediënten:

6 tot 7 kopjes botersla, 3 bundels, bijgesneden

1/4 Europese of pitloze komkommer, in de lengte gehalveerd en vervolgens in dunne plakjes gesneden

3 eetlepels gehakte of geknipte bieslook

16 kerstomaatjes

1/2 kop walnoten

1/4 witte ui, gesnipperd

2 tot 3 eetlepels gehakte Thaise basilicum

Zout en peper naar smaak

Dressing

1 kleine lente-uitjes, fijngehakt

1 eetlepel gedistilleerde witte azijn

1/4 kopje sesamolie

1 eetl. sambal oelek

Voorbereiding

Combineer alle dressingingrediënten in een keukenmachine.

Gooi met de rest van de ingrediënten en meng goed.

Salade van rokerige sla en dragon

Ingrediënten:

8 ons veganistische kaas

6 tot 7 kopjes losse bladsla, 3 bundels, bijgesneden

1/4 Europese of pitloze komkommer, in de lengte gehalveerd en vervolgens in dunne plakjes gesneden

3 eetlepels gehakte of geknipte bieslook

16 kerstomaatjes

1/2 kop gesneden amandelen

1/4 witte ui, gesnipperd

2 tot 3 eetlepels gehakte dragonblaadjes

Zout en peper naar smaak

Dressing

1 theelepel. komijn

1 theelepel. annatto zaden

1/2 theel. Cayenne peper

1 eetlepel gedistilleerde witte azijn

1/4 limoen, geperst, ongeveer 2 theelepels

1/4 kopje extra vergine olijfolie

Voorbereiding

Combineer alle dressingingrediënten in een keukenmachine.

Gooi met de rest van de ingrediënten en meng goed.

Sla Muntblaadjes en Cashew Salade

Ingrediënten:

6 tot 7 kopjes losse bladsla, 3 bundels, bijgesneden

1/4 Europese of pitloze komkommer, in de lengte gehalveerd en vervolgens in dunne plakjes gesneden

3 eetlepels gehakte of geknipte bieslook

16 druiven

1/2 kopje cashewnoten

1/4 rode ui, gesnipperd

2 tot 3 eetlepels gehakte muntblaadjes

Zout en peper naar smaak

8 ons veganistische kaas

Dressing

1 kleine sjalot, fijngehakt

1 eetlepel gedistilleerde witte azijn

1/4 limoen, geperst, ongeveer 2 theelepels

1/4 kopje extra vergine olijfolie

1 theelepel. honing

Voorbereiding

Combineer alle dressingingrediënten in een keukenmachine.

Gooi met de rest van de ingrediënten en meng goed.

Sla Tomaten en Pindasalade

Ingrediënten:

6 tot 7 kopjes romaine sla, 3 bundels, bijgesneden

1/4 Europese of pitloze komkommer, in de lengte gehalveerd en vervolgens in dunne plakjes gesneden

3 eetlepels gehakte of geknipte bieslook

16 kerstomaatjes

1/2 kop gesneden pinda's

1/4 gele ui, gesnipperd

Zout en peper naar smaak

8 ons veganistische kaas

Dressing

1 kleine sjalot, fijngehakt

1 eetlepel gedistilleerde witte azijn

1/4 citroen, geperst, ongeveer 2 theelepels

1/4 kopje extra vergine olijfolie

Voorbereiding

Combineer alle dressingingrediënten in een keukenmachine.

Gooi met de rest van de ingrediënten en meng goed.

Boterkop Sla Sinaasappel- en Amandelsalade

Ingrediënten:

6 tot 7 kopjes Kropsla, 3 bundels, bijgesneden

1/4 komkommer, in de lengte gehalveerd en vervolgens in dunne plakjes

3 eetlepels gehakte of geknipte muntblaadjes

8 plakjes mandarijn, schil verwijderd en gehalveerd

1/2 kop gesneden amandelen

1/4 witte ui, gesnipperd

Zout en peper naar smaak

8 ons veganistische kaas

Dressing

1 kleine sjalot, fijngehakt

1 eetlepel gedistilleerde witte azijn

1/4 limoen, geperst, ongeveer 2 theelepels

1/4 kopje sesamolie

1 eetl. honing

Voorbereiding

Combineer alle dressingingrediënten in een keukenmachine.

Gooi met de rest van de ingrediënten en meng goed.

Simpele Sla Tomaten En Amandel Salade

Ingrediënten:

6 tot 7 kopjes ijsbergsla, 3 bundels, bijgesneden

1/4 Europese of pitloze komkommer, in de lengte gehalveerd en vervolgens in dunne plakjes gesneden

3 eetlepels gehakte of geknipte bieslook

16 kerstomaatjes

1/2 kop gesneden amandelen

1/4 rode ui, gesnipperd

2 takjes verse rozemarijn

Zout en peper naar smaak

8 ons veganistische kaas

Dressing

1 kleine lente-uitjes, fijngehakt

1 eetlepel gedistilleerde witte azijn

1/4 citroen, geperst, ongeveer 2 theelepels

1/4 kopje extra vergine olijfolie

1 eivrije mayonaise

Voorbereiding

Combineer alle dressingingrediënten in een keukenmachine.

Gooi met de rest van de ingrediënten en meng goed.

97

Romaine Sla Tomaten & Hazelnoot Salade

Ingrediënten:

6 tot 7 kopjes Romaine sla, 3 bundels, bijgesneden

1/4 Europese of pitloze komkommer, in de lengte gehalveerd en vervolgens in dunne plakjes gesneden

3 eetlepels gehakte of geknipte bieslook

16 kerstomaatjes

1/2 kop hazelnoten

10 zwarte druiven, pitloos

2 tot 3 eetlepels gehakte dragonblaadjes

Zout en peper naar smaak

8 ons veganistische kaas

Dressing

1 kleine sjalot, fijngehakt

1 eetlepel gedistilleerde witte azijn

1/4 citroen, geperst, ongeveer 2 theelepels

1/4 kopje extra vergine olijfolie

1 eetl. honing

Voorbereiding

Combineer alle dressingingrediënten in een keukenmachine.

Gooi met de rest van de ingrediënten en meng goed.

Frisee Sla Ui en Dragon Salade

Ingrediënten:

8 ons veganistische kaas

6 tot 7 kopjes friseesla, 3 bundels, bijgesneden

1/4 Europese of pitloze komkommer, in de lengte gehalveerd en vervolgens in dunne plakjes gesneden

3 eetlepels gehakte of geknipte bieslook

16 kerstomaatjes

1/2 kop gesneden amandelen

1/4 witte ui, gesnipperd

2 tot 3 eetlepels gehakte dragonblaadjes

Zout en peper naar smaak

Dressing

1 kleine sjalot, fijngehakt

1 eetlepel gedistilleerde witte azijn

1/4 citroen, geperst, ongeveer 2 theelepels

1/4 kopje extra vergine olijfolie

Voorbereiding

Combineer alle dressingingrediënten in een keukenmachine.

Gooi met de rest van de ingrediënten en meng goed.

Frisee Tomaten Amandel en Dragon Salade

Ingrediënten:

8 ons veganistische kaas

6 tot 7 kopjes friseesla, 3 bundels, bijgesneden

1/4 Europese of pitloze komkommer, in de lengte gehalveerd en vervolgens in dunne plakjes gesneden

3 eetlepels gehakte of geknipte bieslook

16 kerstomaatjes

1/2 kop gesneden amandelen

1/4 witte ui, gesnipperd

2 tot 3 eetlepels gehakte dragonblaadjes

Zout en peper naar smaak

Dressing

1 kleine sjalot, fijngehakt

1 eetlepel gedistilleerde witte azijn

1/4 citroen, geperst, ongeveer 2 theelepels

1/4 kopje extra vergine olijfolie

Voorbereiding

Combineer alle dressingingrediënten in een keukenmachine.

Gooi met de rest van de ingrediënten en meng goed.

100

Frisee Tomaten en Hazelnoot Salade

Ingrediënten:

8 ons veganistische kaas

6 tot 7 kopjes friseesla, 3 bundels, bijgesneden

1/4 Europese of pitloze komkommer, in de lengte gehalveerd en

vervolgens in dunne plakjes gesneden

3 eetlepels gehakte of geknipte bieslook

16 kerstomaatjes

1/2 kop gesneden hazelnoten

1/4 witte ui, gesnipperd

2 tot 3 eetlepels gehakte dragonblaadjes

Zout en peper naar smaak

Dressing

1 kleine sjalot, fijngehakt

1 eetlepel gedistilleerde witte azijn

1/4 citroen, geperst, ongeveer 2 theelepels

1/4 kopje extra vergine olijfolie

Voorbereiding

Combineer alle dressingingrediënten in een keukenmachine.

Gooi met de rest van de ingrediënten en meng goed.

Frisee en Courgette Salade

Ingrediënten:

8 ons veganistische kaas

6 tot 7 kopjes friseesla, 3 bundels, bijgesneden

1/4 Courgette, in de lengte gehalveerd en vervolgens in dunne plakjes

16 kerstomaatjes

1/2 kop gesneden amandelen

1/4 witte ui, gesnipperd

2 tot 3 eetlepels gehakte dragonblaadjes

Zout en peper naar smaak

Dressing

1 kleine sjalot, fijngehakt

1 eetlepel gedistilleerde witte azijn

1/4 citroen, geperst, ongeveer 2 theelepels

1/4 kopje extra vergine olijfolie

Voorbereiding

Combineer alle dressingingrediënten in een keukenmachine.

Gooi met de rest van de ingrediënten en meng goed.

Romaine Sla en Hazelnoot Salade

Ingrediënten:

8 ons veganistische kaas

6 tot 7 kopjes Romaine sla, 3 bundels, bijgesneden

1/4 Europese of pitloze komkommer, in de lengte gehalveerd en vervolgens in dunne plakjes gesneden

3 eetlepels gehakte of geknipte bieslook

16 kerstomaatjes

1/2 kop gesneden hazelnoten

1/4 witte ui, gesnipperd

2 tot 3 eetlepels gehakte dragonblaadjes

Zout en peper naar smaak

Dressing

1 kleine sjalot, fijngehakt

1 eetlepel gedistilleerde witte azijn

1/4 citroen, geperst, ongeveer 2 theelepels

1/4 kopje extra vergine olijfolie

Voorbereiding

Combineer alle dressingingrediënten in een keukenmachine.

Gooi met de rest van de ingrediënten en meng goed.

IJsbergsla Tomaten en Amandelsalade

Ingrediënten:

8 ons veganistische kaas

6 tot 7 kopjes ijsbergsla, 3 bundels, bijgesneden

1/4 Europese of pitloze komkommer, in de lengte gehalveerd en vervolgens in dunne plakjes gesneden

3 eetlepels gehakte of geknipte bieslook

16 kerstomaatjes

1/2 kop gesneden amandelen

1/4 witte ui, gesnipperd

2 tot 3 eetlepels gehakte dragonblaadjes

Zout en peper naar smaak

Dressing

1 kleine sjalot, fijngehakt

1 eetlepel gedistilleerde witte azijn

1/4 citroen, geperst, ongeveer 2 theelepels

1/4 kopje extra vergine olijfolie

Voorbereiding

Combineer alle dressingingrediënten in een keukenmachine.

Gooi met de rest van de ingrediënten en meng goed.

Frisee- en fetasalade

Ingrediënten:

6 tot 7 kopjes kropsla, 3 bundels, bijgesneden

1/4 komkommer zonder pit, in de lengte gehalveerd en vervolgens in dunne plakjes

3 eetlepels gehakte of geknipte bieslook

16 kerstomaatjes

1/2 kop pistachenoten

1/4 witte ui, gesnipperd

2 tot 3 eetlepels gehakte dragonblaadjes

Zout en peper naar smaak

8 ons veganistische kaas

Dressing

1 kleine sjalot, fijngehakt

1 eetlepel gedistilleerde witte azijn

1/4 citroen, geperst, ongeveer 2 theelepels

1/4 kopje extra vergine olijfolie

1 eetl. pesto saus

Voorbereiding

Combineer alle dressingingrediënten in een keukenmachine.

Gooi met de rest van de ingrediënten en meng goed.

Frisee- en fetasalade

Ingrediënten:

6 tot 7 kopjes romaine sla, 3 bundels, bijgesneden

1/4 Europese of pitloze komkommer, in de lengte gehalveerd en vervolgens in dunne plakjes gesneden

3 eetlepels gehakte of geknipte bieslook

16 kerstomaatjes

1/2 kopje macadamianoten

1/4 rode ui, gesnipperd

Zout en peper naar smaak

5 ons veganistische kaas

Dressing

1 kleine sjalot, fijngehakt

1 eetlepel gedistilleerde witte azijn

1/4 citroen, geperst, ongeveer 2 theelepels

1/4 kopje extra vergine olijfolie

1 eetl. pesto saus

Voorbereiding

Combineer alle dressingingrediënten in een keukenmachine.

Gooi met de rest van de ingrediënten en meng goed.

Sla Basilicum en Vegan Kaas

Ingrediënten:

6 tot 7 kopjes losse bladsla, 3 bundels, bijgesneden

1/4 komkommer, in de lengte gehalveerd en vervolgens in dunne plakjes

16 kerstomaatjes

1/4 rode ui, gesnipperd

2 tot 3 eetlepels gehakte verse basilicum

Zout en peper naar smaak

8 ons veganistische kaas

Dressing

1 kleine sjalot, fijngehakt

1 eetlepel gedistilleerde witte azijn

1/4 citroen, geperst, ongeveer 2 theelepels

1/4 kopje extra vergine olijfolie

Voorbereiding

Combineer alle dressingingrediënten in een keukenmachine.

Gooi met de rest van de ingrediënten en meng goed.

Romaine Sla en Pistache Salade

Ingrediënten:

8 ons veganistische kaas

6 tot 7 kopjes Romaine sla, 3 bundels, bijgesneden

1/4 Europese of pitloze komkommer, in de lengte gehalveerd en vervolgens in dunne plakjes gesneden

3 eetlepels gehakte of geknipte bieslook

16 kerstomaatjes

1/2 kop gesneden pistachenoten

1/4 Vidalla-ui, gesneden

2 tot 3 eetlepels gehakte dragonblaadjes

Zout en peper naar smaak

Dressing

1 kleine sjalot, fijngehakt

1 eetlepel gedistilleerde witte azijn

1/4 citroen, geperst, ongeveer 2 theelepels

1/4 kopje extra vergine olijfolie

Voorbereiding

Combineer alle dressingingrediënten in een keukenmachine.

Gooi met de rest van de ingrediënten en meng goed.

Frisee Sla Tomaten En Ui In Macadamia Notenolie Vinaigrette

Ingrediënten:

6 tot 7 kopjes friseesla, 3 bundels, bijgesneden

1/4 komkommer, in de lengte gehalveerd en vervolgens in dunne plakjes

3 eetlepels gehakte of geknipte bieslook

16 kerstomaatjes

1/2 kop gesneden amandelen

1/4 rode ui, gesnipperd

2 tot 3 eetlepels gehakte peterselie

Zout en peper naar smaak

8 ons veganistische kaas

Dressing

1 kleine lente-uitjes, fijngehakt

1 eetlepel gedistilleerde witte azijn

1/4 citroen, geperst, ongeveer 2 theelepels

1/4 kopje macadamianotenolie

Voorbereiding

Combineer alle dressingingrediënten in een keukenmachine.

Gooi met de rest van de ingrediënten en meng goed.

111

Romaine Sla Tomaten en Pistachenoten

Ingrediënten:

8 ons veganistische kaas

6 tot 7 kopjes romaine sla, 3 bundels, bijgesneden

1/4 Europese of pitloze komkommer, in de lengte gehalveerd en vervolgens in dunne plakjes gesneden

3 eetlepels gehakte of geknipte bieslook

16 kerstomaatjes

1/2 kop pistachenoten

1/4 rode ui, gesnipperd

Zout en peper naar smaak

Dressing

1 kleine sjalot, fijngehakt

1 eetlepel gedistilleerde witte azijn

1/4 citroen, geperst, ongeveer 2 theelepels

1/4 kopje extra vergine olijfolie

Voorbereiding

Combineer alle dressingingrediënten in een keukenmachine.

Gooi met de rest van de ingrediënten en meng goed.

Artisjok Kappertjes en Artisjok Hart Salade

Ingrediënten:

1 artisjok, gespoeld, geklopt en versnipperd

½ kopje kappertjes

½ kopje artisjokharten

Dressing

2 eetlepels. witte wijn azijn

4 eetlepels extra vierge olijfolie

Vers gemalen zwarte peper

3/4 kop fijngemalen amandelen

Zeezout

Voorbereiding

Combineer alle dressingingrediënten in een keukenmachine.

Gooi met de rest van de ingrediënten en meng goed.

Gemengde Groenten Baby Maïs en Artisjok Hart Salade

Ingrediënten:

1 bos Mesclun, gespoeld, geklopt en versnipperd

½ kopje babymais uit blik

½ kopje artisjokharten

Dressing

2 eetlepels. witte wijn azijn

4 eetlepels extra vierge olijfolie

Vers gemalen zwarte peper

3/4 kop fijngemalen pinda's

Zeezout

Voorbereiding

Combineer alle dressingingrediënten in een keukenmachine.

Gooi met de rest van de ingrediënten en meng goed.

Romaine Sla Met Tomatillo Dressing

Ingrediënten:

1 krop Romaine sla, versnipperd

4 grote tomaten, zonder zaadjes en in stukjes

4 radijsjes, in dunne plakjes

Dressing

6 tomatillo's, afgespoeld en gehalveerd

1 jalapeno, gehalveerd

1 witte ui, in vieren

2 eetlepels extra vierge olijfolie

Koosjer zout en versgemalen zwarte peper

1/2 theelepel gemalen komijn

1 kopje zuivelvrije roomkaas

2 eetlepels vers citroensap

Voorbereiden/koken

Verwarm de oven voor op 400 graden F.

Leg voor de dressing de tomatillo's, jalapeno en ui op een bakplaat.

Besprenkel met olijfolie en bestrooi met peper en zout.

Rooster 25-30 min in de oven. tot de groenten bruin beginnen te worden en iets donkerder worden.

Doe over in een keukenmachine en laat afkoelen en mix dan.

Voeg de overige ingrediënten toe en zet een uur in de koelkast.

Gooi met de rest van de ingrediënten en meng goed.

Griekse Romaine Sla en Tomatensalade

Ingrediënten:

1 krop romaine sla, fijngesneden

4 hele rijpe tomaten, elk in 6 partjes gesneden, daarna elke partje gehalveerd

1 hele middelgrote komkommer, geschild, in de lengte in vieren gesneden en in grote stukken gesneden

1/2 hele witte ui, heel dun gesneden

30 hele ontpitte groene olijven, in de lengte gehalveerd, plus 6 olijven, fijngehakt

6 ons verkruimelde veganistische kaas

Verse peterselieblaadjes, grof gehakt

Dressing

1/4 kopje extra vierge olijfolie

2 eetlepels witte wijnazijn

1 theelepel suiker, of meer naar smaak

1 teentje knoflook, fijngehakt

Zout en versgemalen zwarte peper

Sap van ½ citroen

Zeezout

Voorbereiding

Doe alle dressingingrediënten in een keukenmachine en mix.

Breng eventueel op smaak met meer zout.

Hussel alle ingrediënten door elkaar.

Pruimtomaat-komkommersalade

Ingrediënten:

5 middelgrote pruimtomaten, in de lengte gehalveerd, zonder zaadjes en in dunne plakjes gesneden

1/4 witte ui, gepeld, in de lengte gehalveerd en in dunne plakjes gesneden

1 grote komkommer, in de lengte gehalveerd en in dunne plakjes gesneden

Dressing

¼ kopje extra vergine olijfolie

2 scheutjes witte wijnazijn

Grof zout en zwarte peper

Voorbereiding

Combineer alle dressingingrediënten.

Gooi met de rest van de ingrediënten en meng goed.

Enoki Champignon-komkommersalade

Ingrediënten:

15 Enoki Champignons, in dunne plakjes

1/4 witte ui, gepeld, in de lengte gehalveerd en in dunne plakjes gesneden

1 grote komkommer, in de lengte gehalveerd en in dunne plakjes gesneden

Dressing

¼ kopje extra vergine olijfolie

2 scheutjes witte wijnazijn

Grof zout en zwarte peper

Voorbereiding

Combineer alle dressingingrediënten.

Gooi met de rest van de ingrediënten en meng goed.

Tomaten-courgettesalade

Ingrediënten:

5 middelgrote tomaten, in de lengte gehalveerd, zonder zaadjes en in dunne plakjes gesneden

1/4 witte ui, gepeld, in de lengte gehalveerd en in dunne plakjes gesneden

1 grote courgette in de lengte gehalveerd, in dunne plakjes en geblancheerd

Dressing

¼ kopje extra vergine olijfolie

2 eetlepels. appelcider azijn

Grof zout en zwarte peper

Voorbereiding

Combineer alle dressingingrediënten.

Gooi met de rest van de ingrediënten en meng goed.

Tomatillo's met komkommersalade

Ingrediënten:

10 tomatillo's, in de lengte gehalveerd, zonder zaadjes en in dunne plakjes

1/4 witte ui, gepeld, in de lengte gehalveerd en in dunne plakjes gesneden

1 grote komkommer, in de lengte gehalveerd en in dunne plakjes gesneden

Dressing

¼ kopje extra vergine olijfolie

2 scheutjes witte wijnazijn

Grof zout en zwarte peper

Voorbereiding

Combineer alle dressingingrediënten.

Gooi met de rest van de ingrediënten en meng goed.

Salade van pruimtomaat en ui

Ingrediënten:

5 middelgrote pruimtomaten, in de lengte gehalveerd, zonder zaadjes en in dunne plakjes gesneden

1/4 witte ui, gepeld, in de lengte gehalveerd en in dunne plakjes gesneden

1 grote komkommer, in de lengte gehalveerd en in dunne plakjes gesneden

Dressing

¼ kopje extra vergine olijfolie

2 eetlepels. appelcider azijn

Grof zout en zwarte peper

Voorbereiding

Combineer alle dressingingrediënten.

Gooi met de rest van de ingrediënten en meng goed.

Courgette-tomatensalade

Ingrediënten:

5 middelgrote tomaten, in de lengte gehalveerd, zonder zaadjes en in dunne plakjes gesneden

1/4 witte ui, gepeld, in de lengte gehalveerd en in dunne plakjes gesneden

1 grote courgette in de lengte gehalveerd, in dunne plakjes gesneden en geblancheerd

Dressing

¼ kopje extra vergine olijfolie

2 scheutjes witte wijnazijn

Grof zout en zwarte peper

Voorbereiding

Combineer alle dressingingrediënten.

Gooi met de rest van de ingrediënten en meng goed.

Heirloom Tomatensalade

Ingrediënten:

3 Heirloom-tomaten, in de lengte gehalveerd, zonder zaadjes en in dunne plakjes gesneden

1/4 witte ui, gepeld, in de lengte gehalveerd en in dunne plakjes gesneden

1 grote komkommer, in de lengte gehalveerd en in dunne plakjes gesneden

Dressing

¼ kopje extra vergine olijfolie

2 scheutjes witte wijnazijn

Grof zout en zwarte peper

Voorbereiding

Combineer alle dressingingrediënten.

Gooi met de rest van de ingrediënten en meng goed.

Enoki Champignonsalade

Ingrediënten:

15 Enoki Champignons, in dunne plakjes

1/4 witte ui, gepeld, in de lengte gehalveerd en in dunne plakjes gesneden

1 grote komkommer, in de lengte gehalveerd en in dunne plakjes gesneden

Dressing

¼ kopje extra vergine olijfolie

2 eetlepels. appelcider azijn

Grof zout en zwarte peper

Voorbereiding

Combineer alle dressingingrediënten.

Gooi met de rest van de ingrediënten en meng goed.

Salade van artisjokhart en pruimtomaten

Ingrediënten:

6 artisjokharten (uit blik)

5 middelgrote pruimtomaten, in de lengte gehalveerd, zonder

zaadjes en in dunne plakjes gesneden

1/4 witte ui, gepeld, in de lengte gehalveerd en in dunne plakjes

gesneden

1 grote komkommer, in de lengte gehalveerd en in dunne plakjes

gesneden

Dressing

¼ kopje extra vergine olijfolie

2 scheutjes witte wijnazijn

Grof zout en zwarte peper

Voorbereiding

Combineer alle dressingingrediënten.

Gooi met de rest van de ingrediënten en meng goed.

Salade met babymaïs en pruimtomaten

Ingrediënten:

½ kopje babymais uit blik

5 middelgrote pruimtomaten, in de lengte gehalveerd, zonder zaadjes en in dunne plakjes gesneden

1/4 witte ui, gepeld, in de lengte gehalveerd en in dunne plakjes gesneden

1 grote courgette in de lengte gehalveerd, in dunne plakjes gesneden en geblancheerd

Dressing

¼ kopje extra vergine olijfolie

2 scheutjes witte wijnazijn

Grof zout en zwarte peper

Voorbereiding

Combineer alle dressingingrediënten.

Gooi met de rest van de ingrediënten en meng goed.

Gemengde Groenten en Tomatensalade

Ingrediënten:

1 bos Meslcun, afgespoeld en uitgelekt

5 middelgrote tomaten, in de lengte gehalveerd, zonder zaadjes en in dunne plakjes gesneden

1/4 witte ui, gepeld, in de lengte gehalveerd en in dunne plakjes gesneden

1 grote komkommer, in de lengte gehalveerd en in dunne plakjes gesneden

Dressing

¼ kopje extra vergine olijfolie

2 eetlepels. appelcider azijn

Grof zout en zwarte peper

Voorbereiding

Combineer alle dressingingrediënten.

Gooi met de rest van de ingrediënten en meng goed.

Salade van Romeinse sla en pruimtomaten

Ingrediënten:

1 bosje Romaine Sla, afgespoeld en uitgelekt

5 middelgrote pruimtomaten, in de lengte gehalveerd, zonder zaadjes en in dunne plakjes gesneden

1/4 witte ui, gepeld, in de lengte gehalveerd en in dunne plakjes gesneden

1 grote komkommer, in de lengte gehalveerd en in dunne plakjes gesneden

Dressing

¼ kopje extra vergine olijfolie

2 scheutjes witte wijnazijn

Grof zout en zwarte peper

Voorbereiding

Combineer alle dressingingrediënten.

Gooi met de rest van de ingrediënten en meng goed.

Andijvie en Enoki Champignonsalade

Ingrediënten:

1 bosje Andijvie, afgespoeld en uitgelekt

15 Enoki Champignons, in dunne plakjes

1/4 witte ui, gepeld, in de lengte gehalveerd en in dunne plakjes gesneden

1 grote komkommer, in de lengte gehalveerd en in dunne plakjes gesneden

Dressing

¼ kopje extra vergine olijfolie

2 scheutjes witte wijnazijn

Grof zout en zwarte peper

Voorbereiding

Combineer alle dressingingrediënten.

Gooi met de rest van de ingrediënten en meng goed.

Artisjok en Tomatensalade

Ingrediënten:

1 Artisjok, afgespoeld en uitgelekt

5 middelgrote tomaten, in de lengte gehalveerd, zonder zaadjes en in dunne plakjes gesneden

1/4 witte ui, gepeld, in de lengte gehalveerd en in dunne plakjes gesneden

1 grote courgette in de lengte gehalveerd, in dunne plakjes gesneden en geblancheerd

Dressing

¼ kopje extra vergine olijfolie

2 scheutjes witte wijnazijn

Grof zout en zwarte peper

Voorbereiding

Combineer alle dressingingrediënten.

Gooi met de rest van de ingrediënten en meng goed.

Salade van boerenkool en heirloom-tomaten

Ingrediënten:

1 bos boerenkool, afgespoeld en uitgelekt

3 Heirloom-tomaten, in de lengte gehalveerd, zonder zaadjes en in dunne plakjes gesneden

1/4 witte ui, gepeld, in de lengte gehalveerd en in dunne plakjes gesneden

1 grote komkommer, in de lengte gehalveerd en in dunne plakjes gesneden

Dressing

¼ kopje extra vergine olijfolie

2 eetlepels. appelcider azijn

Grof zout en zwarte peper

Voorbereiding

Combineer alle dressingingrediënten.

Gooi met de rest van de ingrediënten en meng goed.

Spinazie en Tomatillo Salade

Ingrediënten:

1 bosje spinazie, afgespoeld en uitgelekt

10 tomatillo's, in de lengte gehalveerd, zonder zaadjes en in dunne plakjes

1/4 witte ui, gepeld, in de lengte gehalveerd en in dunne plakjes gesneden

1 grote komkommer, in de lengte gehalveerd en in dunne plakjes gesneden

Dressing

¼ kopje extra vergine olijfolie

2 scheutjes witte wijnazijn

Grof zout en zwarte peper

Voorbereiding

Combineer alle dressingingrediënten.

Gooi met de rest van de ingrediënten en meng goed.

Mesclun en Enoki Champignonsalade

Ingrediënten:

1 bos Meslcun, afgespoeld en uitgelekt

15 Enoki Champignons, in dunne plakjes

1/4 witte ui, gepeld, in de lengte gehalveerd en in dunne plakjes gesneden

1 grote komkommer, in de lengte gehalveerd en in dunne plakjes gesneden

Dressing

¼ kopje extra vergine olijfolie

2 scheutjes witte wijnazijn

Grof zout en zwarte peper

Voorbereiding

Combineer alle dressingingrediënten.

Gooi met de rest van de ingrediënten en meng goed.

Romaine Sla en Komkommer Salade

Ingrediënten:

1 bosje Romaine Sla, afgespoeld en uitgelekt

5 middelgrote pruimtomaten, in de lengte gehalveerd, zonder

zaadjes en in dunne plakjes gesneden

1/4 witte ui, gepeld, in de lengte gehalveerd en in dunne plakjes

gesneden

1 grote komkommer, in de lengte gehalveerd en in dunne plakjes

gesneden

Dressing

¼ kopje extra vergine olijfolie

2 eetlepels. appelcider azijn

Grof zout en zwarte peper

Voorbereiding

Combineer alle dressingingrediënten.

Gooi met de rest van de ingrediënten en meng goed.

Boerenkool Spinazie en Courgette Salade

Ingrediënten:

1 bos boerenkool, afgespoeld en uitgelekt

1 bosje spinazie, afgespoeld en uitgelekt

1/4 witte ui, gepeld, in de lengte gehalveerd en in dunne plakjes gesneden

1 grote courgette in de lengte gehalveerd, in dunne plakjes gesneden en geblancheerd

Dressing

¼ kopje extra vergine olijfolie

2 scheutjes witte wijnazijn

Grof zout en zwarte peper

Voorbereiding

Combineer alle dressingingrediënten.

Gooi met de rest van de ingrediënten en meng goed.

Artisjok Boerenkool en Enoki Champignonsalade

Ingrediënten:

1 Artisjok, afgespoeld en uitgelekt

1 bos boerenkool, afgespoeld en uitgelekt

15 Enoki Champignons, in dunne plakjes

1/4 witte ui, gepeld, in de lengte gehalveerd en in dunne plakjes gesneden

1 grote komkommer, in de lengte gehalveerd en in dunne plakjes gesneden

Dressing

¼ kopje extra vergine olijfolie

2 scheutjes witte wijnazijn

Grof zout en zwarte peper

Voorbereiding

Combineer alle dressingingrediënten.

Gooi met de rest van de ingrediënten en meng goed.

Andijvie en Artisjok Salade

Ingrediënten:

1 bosje Andijvie, afgespoeld en uitgelekt

1 Artisjok, afgespoeld en uitgelekt

1 grote komkommer, in de lengte gehalveerd en in dunne plakjes gesneden

Dressing

¼ kopje extra vergine olijfolie

2 scheutjes witte wijnazijn

Grof zout en zwarte peper

Voorbereiding

Combineer alle dressingingrediënten.

Gooi met de rest van de ingrediënten en meng goed.

Andijvie en Courgette Salade

Ingrediënten:

1 bosje Romaine Sla, afgespoeld en uitgelekt

1 bosje Andijvie, afgespoeld en uitgelekt

1 grote courgette in de lengte gehalveerd, in dunne plakjes gesneden en geblancheerd

Dressing

¼ kopje extra vergine olijfolie

2 scheutjes witte wijnazijn

Grof zout en zwarte peper

Voorbereiding

Combineer alle dressingingrediënten.

Gooi met de rest van de ingrediënten en meng goed.

Salade van Mesclun en Romaine Sla

Ingrediënten:

1 bos Meslcun, afgespoeld en uitgelekt

1 bosje Romaine Sla, afgespoeld en uitgelekt

1/4 witte ui, gepeld, in de lengte gehalveerd en in dunne plakjes gesneden

1 grote komkommer, in de lengte gehalveerd en in dunne plakjes gesneden

Dressing

¼ kopje extra vergine olijfolie

2 eetlepels. appelcider azijn

Grof zout en zwarte peper

Voorbereiding

Combineer alle dressingingrediënten.

Gooi met de rest van de ingrediënten en meng goed.

Salade van gemengde groene en tomatillo

Ingrediënten:

1 bos Meslcun, afgespoeld en uitgelekt

1 bosje Romaine Sla, afgespoeld en uitgelekt

10 tomatillo's, in de lengte gehalveerd, zonder zaadjes en in dunne plakjes

1/4 witte ui, gepeld, in de lengte gehalveerd en in dunne plakjes gesneden

1 grote courgette in de lengte gehalveerd, in dunne plakjes gesneden en geblancheerd

Dressing

¼ kopje extra vergine olijfolie

2 scheutjes witte wijnazijn

Grof zout en zwarte peper

Voorbereiding

Combineer alle dressingingrediënten.

Gooi met de rest van de ingrediënten en meng goed.

Romaine Sla en Andijvie Salade

Ingrediënten:

1 bosje Romaine Sla, afgespoeld en uitgelekt

1 bosje Andijvie, afgespoeld en uitgelekt

5 middelgrote pruimtomaten, in de lengte gehalveerd, zonder zaadjes en in dunne plakjes gesneden

1/4 witte ui, gepeld, in de lengte gehalveerd en in dunne plakjes gesneden

1 grote komkommer, in de lengte gehalveerd en in dunne plakjes gesneden

Dressing

¼ kopje extra vergine olijfolie

2 scheutjes witte wijnazijn

Grof zout en zwarte peper

Voorbereiding

Combineer alle dressingingrediënten.

Gooi met de rest van de ingrediënten en meng goed.

Salade van artisjok en boerenkool

Ingrediënten:

1 Artisjok, afgespoeld en uitgelekt

1 bos boerenkool, afgespoeld en uitgelekt

3 Heirloom-tomaten, in de lengte gehalveerd, zonder zaadjes en in dunne plakjes gesneden

1/4 witte ui, gepeld, in de lengte gehalveerd en in dunne plakjes gesneden

1 grote komkommer, in de lengte gehalveerd en in dunne plakjes gesneden

Dressing

¼ kopje extra vergine olijfolie

2 scheutjes witte wijnazijn

Grof zout en zwarte peper

Voorbereiding

Combineer alle dressingingrediënten.

Gooi met de rest van de ingrediënten en meng goed.

Salade van boerenkool en spinazie

Ingrediënten:

1 bos boerenkool, afgespoeld en uitgelekt

1 bosje spinazie, afgespoeld en uitgelekt

15 Enoki Champignons, in dunne plakjes

1/4 witte ui, gepeld, in de lengte gehalveerd en in dunne plakjes gesneden

1 grote komkommer, in de lengte gehalveerd en in dunne plakjes gesneden

Dressing

¼ kopje extra vergine olijfolie

2 scheutjes witte wijnazijn

Grof zout en zwarte peper

Voorbereiding

Combineer alle dressingingrediënten.

Gooi met de rest van de ingrediënten en meng goed.

Wortelen en pruimtomatensalade

Ingrediënten:

1 kopje babywortelen, gehakt

5 middelgrote pruimtomaten, in de lengte gehalveerd, zonder zaadjes en in dunne plakjes gesneden

1/4 witte ui, gepeld, in de lengte gehalveerd en in dunne plakjes gesneden

1 grote komkommer, in de lengte gehalveerd en in dunne plakjes gesneden

Dressing

¼ kopje extra vergine olijfolie

2 eetlepels. appelcider azijn

Grof zout en zwarte peper

Voorbereiding

Combineer alle dressingingrediënten.

Gooi met de rest van de ingrediënten en meng goed.

Tomatensalade met maïs en pruimen

Ingrediënten:

1 kopje babymais (uit blik), uitgelekt

5 middelgrote pruimtomaten, in de lengte gehalveerd, zonder zaadjes en in dunne plakjes gesneden

1/4 witte ui, gepeld, in de lengte gehalveerd en in dunne plakjes gesneden

1 grote courgette in de lengte gehalveerd, in dunne plakjes gesneden en geblancheerd

Dressing

¼ kopje extra vergine olijfolie

2 scheutjes witte wijnazijn

Grof zout en zwarte peper

Voorbereiding

Combineer alle dressingingrediënten.

Gooi met de rest van de ingrediënten en meng goed.

Salade van gemengde groene en babywortel

Ingrediënten:

1 bos Meslcun, afgespoeld en uitgelekt

1 kopje babywortelen, gehakt

1 grote komkommer, in de lengte gehalveerd en in dunne plakjes gesneden

Dressing

¼ kopje extra vergine olijfolie

2 scheutjes witte wijnazijn

Grof zout en zwarte peper

Voorbereiding

Combineer alle dressingingrediënten.

Gooi met de rest van de ingrediënten en meng goed.

Romaine Sla en Baby Maissalade

Ingrediënten:

1 bosje Romaine Sla, afgespoeld en uitgelekt

1 kopje babymais (uit blik), uitgelekt

1 grote komkommer, in de lengte gehalveerd en in dunne plakjes gesneden

Dressing

¼ kopje extra vergine olijfolie

2 scheutjes witte wijnazijn

Grof zout en zwarte peper

Voorbereiding

Combineer alle dressingingrediënten.

Gooi met de rest van de ingrediënten en meng goed.

Salade van babymaïs en andijvie

Ingrediënten:

1 kopje babymais (uit blik), uitgelekt

1 bosje Andijvie, afgespoeld en uitgelekt

1/4 witte ui, gepeld, in de lengte gehalveerd en in dunne plakjes gesneden

1 grote courgette in de lengte gehalveerd, in dunne plakjes gesneden en geblancheerd

Dressing

¼ kopje extra vergine olijfolie

2 eetlepels. appelcider azijn

Grof zout en zwarte peper

Voorbereiding

Combineer alle dressingingrediënten.

Gooi met de rest van de ingrediënten en meng goed.

Salade van bloemkool en tomatillo

Ingrediënten:

9 bloemkoolroosjes, geblancheerd en uitgelekt

10 tomatillo's, in de lengte gehalveerd, zonder zaadjes en in dunne plakjes

1/4 witte ui, gepeld, in de lengte gehalveerd en in dunne plakjes gesneden

1 grote komkommer, in de lengte gehalveerd en in dunne plakjes gesneden

Dressing

¼ kopje extra vergine olijfolie

2 scheutjes witte wijnazijn

Grof zout en zwarte peper

Voorbereiding

Combineer alle dressingingrediënten.

Gooi met de rest van de ingrediënten en meng goed.

Salade van broccoli en tomatillo

Ingrediënten:

8 broccoliroosjes, geblancheerd en uitgelekt

10 tomatillo's, in de lengte gehalveerd, zonder zaadjes en in dunne plakjes

1/4 witte ui, gepeld, in de lengte gehalveerd en in dunne plakjes gesneden

1 grote komkommer, in de lengte gehalveerd en in dunne plakjes gesneden

Dressing

¼ kopje extra vergine olijfolie

2 scheutjes witte wijnazijn

Grof zout en zwarte peper

Voorbereiding

Combineer alle dressingingrediënten.

Gooi met de rest van de ingrediënten en meng goed.

Spinazie-bloemkoolsalade

Ingrediënten:

1 bosje spinazie, afgespoeld en uitgelekt

9 bloemkoolroosjes, geblancheerd en uitgelekt

1 grote courgette in de lengte gehalveerd, in dunne plakjes gesneden en geblancheerd

Dressing

¼ kopje extra vergine olijfolie

2 scheutjes witte wijnazijn

Grof zout en zwarte peper

Voorbereiding

Combineer alle dressingingrediënten.

Gooi met de rest van de ingrediënten en meng goed.

Salade van boerenkool en broccoli

Ingrediënten:

1 bos boerenkool, afgespoeld en uitgelekt

8 broccoliroosjes, geblancheerd en uitgelekt

1 grote komkommer, in de lengte gehalveerd en in dunne plakjes gesneden

Dressing

¼ kopje extra vergine olijfolie

2 scheutjes witte wijnazijn

Grof zout en zwarte peper

Voorbereiding

Combineer alle dressingingrediënten.

Gooi met de rest van de ingrediënten en meng goed.

Boerenkool Spinazie & Broccoli Salade

Ingrediënten:

1 bos boerenkool, afgespoeld en uitgelekt

8 broccoliroosjes, geblancheerd en uitgelekt

1 bosje spinazie, afgespoeld en uitgelekt

Dressing

¼ kopje extra vergine olijfolie

2 scheutjes witte wijnazijn

Grof zout en zwarte peper

Voorbereiding

Combineer alle dressingingrediënten.

Gooi met de rest van de ingrediënten en meng goed.

Salade van artisjok, boerenkool en broccoli

Ingrediënten:

1 Artisjok, afgespoeld en uitgelekt

1 bos boerenkool, afgespoeld en uitgelekt

8 broccoliroosjes, geblancheerd en uitgelekt

Dressing

¼ kopje extra vergine olijfolie

2 scheutjes witte wijnazijn

Grof zout en zwarte peper

Voorbereiding

Combineer alle dressingingrediënten.

Gooi met de rest van de ingrediënten en meng goed.

Salade van babymaïs en andijvie

Ingrediënten:

1 kopje babymais (uit blik), uitgelekt

1 bosje Andijvie, afgespoeld en uitgelekt

1 Artisjok, afgespoeld en uitgelekt

Dressing

¼ kopje extra vergine olijfolie

2 eetlepels. appelcider azijn

Grof zout en zwarte peper

Voorbereiding

Combineer alle dressingingrediënten.

Gooi met de rest van de ingrediënten en meng goed.

Salade van gemengde groene en babywortel

Ingrediënten:

1 bos Meslcun, afgespoeld en uitgelekt

1 kopje babywortelen, gehakt

1 bosje Romaine Sla, afgespoeld en uitgelekt

Dressing

¼ kopje extra vergine olijfolie

2 scheutjes witte wijnazijn

Grof zout en zwarte peper

Voorbereiding

Combineer alle dressingingrediënten.

Gooi met de rest van de ingrediënten en meng goed.

Tomatillo en baby maïssalade

Ingrediënten:

10 tomatillo's, in de lengte gehalveerd, zonder zaadjes en in dunne plakjes

1 kopje babymais (uit blik), uitgelekt

1 bosje Andijvie, afgespoeld en uitgelekt

1 Artisjok, afgespoeld en uitgelekt

Dressing

¼ kopje extra vergine olijfolie

2 scheutjes witte wijnazijn

Grof zout en zwarte peper

Voorbereiding

Combineer alle dressingingrediënten.

Gooi met de rest van de ingrediënten en meng goed.

Enoki en Baby Maissalade

Ingrediënten:

15 Enoki Champignons, in dunne plakjes

1 kopje babymais (uit blik), uitgelekt

1 bosje Andijvie, afgespoeld en uitgelekt

1 Artisjok, afgespoeld en uitgelekt

Dressing

¼ kopje extra vergine olijfolie

2 eetlepels. appelcider azijn

Grof zout en zwarte peper

Voorbereiding

Combineer alle dressingingrediënten.

Gooi met de rest van de ingrediënten en meng goed.

Heirloom Tomaat Andijvie en Artisjok Salade

Ingrediënten:

3 Heirloom-tomaten, in de lengte gehalveerd, zonder zaadjes en in dunne plakjes gesneden

1 bosje Andijvie, afgespoeld en uitgelekt

1 Artisjok, afgespoeld en uitgelekt

1 bos boerenkool, afgespoeld en uitgelekt

Dressing

¼ kopje extra vergine olijfolie

2 scheutjes witte wijnazijn

Grof zout en zwarte peper

Voorbereiding

Combineer alle dressingingrediënten.

Gooi met de rest van de ingrediënten en meng goed.

Salade met boerenkoolpruimtomaten en ui

Ingrediënten:

1 bos boerenkool, afgespoeld en uitgelekt

5 middelgrote pruimtomaten, in de lengte gehalveerd, zonder zaadjes en in dunne plakjes gesneden

1/4 witte ui, gepeld, in de lengte gehalveerd en in dunne plakjes gesneden

1 grote komkommer, in de lengte gehalveerd en in dunne plakjes gesneden

Dressing

¼ kopje extra vergine olijfolie

2 scheutjes witte wijnazijn

Grof zout en zwarte peper

Voorbereiding

Combineer alle dressingingrediënten.

Gooi met de rest van de ingrediënten en meng goed.

Spinazie Pruimtomaten en Uiensalade

Ingrediënten:

1 bosje spinazie, afgespoeld en uitgelekt

5 middelgrote pruimtomaten, in de lengte gehalveerd, zonder zaadjes en in dunne plakjes gesneden

1/4 witte ui, gepeld, in de lengte gehalveerd en in dunne plakjes gesneden

1 grote komkommer, in de lengte gehalveerd en in dunne plakjes gesneden

Dressing

¼ kopje extra vergine olijfolie

2 scheutjes witte wijnazijn

Grof zout en zwarte peper

Voorbereiding

Combineer alle dressingingrediënten.

Gooi met de rest van de ingrediënten en meng goed.

Salade van waterkers en courgette

Ingrediënten:

1 bosje waterkers, afgespoeld en uitgelekt

5 middelgrote pruimtomaten, in de lengte gehalveerd, zonder zaadjes en in dunne plakjes gesneden

1/4 witte ui, gepeld, in de lengte gehalveerd en in dunne plakjes gesneden

1 grote courgette in de lengte gehalveerd, in dunne plakjes gesneden en geblancheerd

Dressing

¼ kopje extra vergine olijfolie

2 eetlepels. appelcider azijn

Grof zout en zwarte peper

Voorbereiding

Combineer alle dressingingrediënten.

Gooi met de rest van de ingrediënten en meng goed.

Mango's, tomaten en komkommersalade

Ingrediënten:

1 kop in blokjes gesneden mango's

5 middelgrote pruimtomaten, in de lengte gehalveerd, zonder zaadjes en in dunne plakjes gesneden

1/4 witte ui, gepeld, in de lengte gehalveerd en in dunne plakjes gesneden

1 grote komkommer, in de lengte gehalveerd en in dunne plakjes gesneden

Dressing

¼ kopje extra vergine olijfolie

2 scheutjes witte wijnazijn

Grof zout en zwarte peper

Voorbereiding

Combineer alle dressingingrediënten.

Gooi met de rest van de ingrediënten en meng goed.

Perziken Tomaten en uiensalade

Ingrediënten:

1 kopje in blokjes gesneden perziken

5 middelgrote tomaten, in de lengte gehalveerd, zonder zaadjes en in dunne plakjes gesneden

1/4 witte ui, gepeld, in de lengte gehalveerd en in dunne plakjes gesneden

1 grote komkommer, in de lengte gehalveerd en in dunne plakjes gesneden

Dressing

¼ kopje extra vergine olijfolie

2 scheutjes witte wijnazijn

Grof zout en zwarte peper

Voorbereiding

Combineer alle dressingingrediënten.

Gooi met de rest van de ingrediënten en meng goed.

Zwarte Druiven Tomatillo en Witte Ui

Ingrediënten:

12 stuks. zwarte druiven

10 tomatillo's, in de lengte gehalveerd, zonder zaadjes en in dunne plakjes

1/4 witte ui, gepeld, in de lengte gehalveerd en in dunne plakjes gesneden

1 grote komkommer, in de lengte gehalveerd en in dunne plakjes gesneden

Dressing

¼ kopje extra vergine olijfolie

2 scheutjes witte wijnazijn

Grof zout en zwarte peper

Voorbereiding

Combineer alle dressingingrediënten.

Gooi met de rest van de ingrediënten en meng goed.

Rode Druiven Tomatillo en Courgette Salade

Ingrediënten:

10 stuks. rode druiven

3 Heirloom-tomaten, in de lengte gehalveerd, zonder zaadjes en in dunne plakjes gesneden

1/4 witte ui, gepeld, in de lengte gehalveerd en in dunne plakjes gesneden

1 grote courgette in de lengte gehalveerd, in dunne plakjes gesneden en geblancheerd

Dressing

¼ kopje extra vergine olijfolie

2 scheutjes witte wijnazijn

Grof zout en zwarte peper

Voorbereiding

Combineer alle dressingingrediënten.

Gooi met de rest van de ingrediënten en meng goed.

Salade van rode kool, pruimtomaten en ui

Ingrediënten:

1/2 middelgrote rode kool, in dunne plakjes gesneden

5 middelgrote pruimtomaten, in de lengte gehalveerd, zonder zaadjes en in dunne plakjes gesneden

1/4 witte ui, gepeld, in de lengte gehalveerd en in dunne plakjes gesneden

1 grote komkommer, in de lengte gehalveerd en in dunne plakjes gesneden

Dressing

¼ kopje extra vergine olijfolie

2 eetlepels. appelcider azijn

Grof zout en zwarte peper

Voorbereiding

Combineer alle dressingingrediënten.

Gooi met de rest van de ingrediënten en meng goed.

Napa Kool Pruim Tomaten En Komkommer Salade

Ingrediënten:

1/2 middelgrote Napa-kool, in dunne plakjes gesneden

5 middelgrote pruimtomaten, in de lengte gehalveerd, zonder zaadjes en in dunne plakjes gesneden

1/4 witte ui, gepeld, in de lengte gehalveerd en in dunne plakjes gesneden

1 grote komkommer, in de lengte gehalveerd en in dunne plakjes gesneden

Dressing

¼ kopje extra vergine olijfolie

2 eetlepels. appelcider azijn

Grof zout en zwarte peper

Voorbereiding

Combineer alle dressingingrediënten.

Gooi met de rest van de ingrediënten en meng goed.

Salade van rode en Napa-kool

Ingrediënten:

1/2 middelgrote rode kool, in dunne plakjes gesneden

1/2 middelgrote Napa-kool, in dunne plakjes gesneden

1/4 witte ui, gepeld, in de lengte gehalveerd en in dunne plakjes gesneden

1 grote courgette in de lengte gehalveerd, in dunne plakjes gesneden en geblancheerd

Dressing

¼ kopje extra vergine olijfolie

2 scheutjes witte wijnazijn

Grof zout en zwarte peper

Voorbereiding

Combineer alle dressingingrediënten.

Gooi met de rest van de ingrediënten en meng goed.

Salade met zwarte en rode druiven

Ingrediënten:

12 stuks. zwarte druiven

10 stuks. rode druiven

1/4 witte ui, gepeld, in de lengte gehalveerd en in dunne plakjes gesneden

1 grote komkommer, in de lengte gehalveerd en in dunne plakjes gesneden

Dressing

¼ kopje extra vergine olijfolie

2 scheutjes witte wijnazijn

Grof zout en zwarte peper

Voorbereiding

Combineer alle dressingingrediënten.

Gooi met de rest van de ingrediënten en meng goed.

Mango's Perziken en Komkommersalade

Ingrediënten:

1 kop in blokjes gesneden mango's

1 kopje in blokjes gesneden perziken

1/4 witte ui, gepeld, in de lengte gehalveerd en in dunne plakjes gesneden

1 grote komkommer, in de lengte gehalveerd en in dunne plakjes gesneden

Dressing

¼ kopje extra vergine olijfolie

2 scheutjes witte wijnazijn

Grof zout en zwarte peper

Voorbereiding

Combineer alle dressingingrediënten.

Gooi met de rest van de ingrediënten en meng goed.

Salade Met Waterkers Enoki Champignons En Courgette

Ingrediënten:

1 bosje waterkers, afgespoeld en uitgelekt

15 Enoki Champignons, in dunne plakjes

1/4 witte ui, gepeld, in de lengte gehalveerd en in dunne plakjes gesneden

1 grote courgette in de lengte gehalveerd, in dunne plakjes gesneden en geblancheerd

Dressing

¼ kopje extra vergine olijfolie

2 scheutjes witte wijnazijn

Grof zout en zwarte peper

Voorbereiding

Combineer alle dressingingrediënten.

Gooi met de rest van de ingrediënten en meng goed.

Boerenkool Spinazie en Komkommer Salade

Ingrediënten:

1 bos boerenkool, afgespoeld en uitgelekt

1 bosje spinazie, afgespoeld en uitgelekt

1/4 witte ui, gepeld, in de lengte gehalveerd en in dunne plakjes gesneden

1 grote komkommer, in de lengte gehalveerd en in dunne plakjes gesneden

Dressing

¼ kopje extra vergine olijfolie

2 eetlepels. appelcider azijn

Grof zout en zwarte peper

Voorbereiding

Combineer alle dressingingrediënten.

Gooi met de rest van de ingrediënten en meng goed.

Salade van boerenkool, tomaat en courgette

Ingrediënten:

1 bos boerenkool, afgespoeld en uitgelekt

5 middelgrote pruimtomaten, in de lengte gehalveerd, zonder zaadjes en in dunne plakjes gesneden

1/4 witte ui, gepeld, in de lengte gehalveerd en in dunne plakjes gesneden

1 grote courgette in de lengte gehalveerd, in dunne plakjes gesneden en geblancheerd

Dressing

¼ kopje extra vergine olijfolie

2 scheutjes witte wijnazijn

Grof zout en zwarte peper

Voorbereiding

Combineer alle dressingingrediënten.

Gooi met de rest van de ingrediënten en meng goed.

Spinazie Pruimtomaat en Komkommersalade

Ingrediënten:

1 bosje spinazie, afgespoeld en uitgelekt

5 middelgrote pruimtomaten, in de lengte gehalveerd, zonder zaadjes en in dunne plakjes gesneden

1/4 witte ui, gepeld, in de lengte gehalveerd en in dunne plakjes gesneden

1 grote komkommer, in de lengte gehalveerd en in dunne plakjes gesneden

Dressing

¼ kopje extra vergine olijfolie

2 eetlepels. appelcider azijn

Grof zout en zwarte peper

Voorbereiding

Combineer alle dressingingrediënten.

Gooi met de rest van de ingrediënten en meng goed.

Salade van waterkerstomatillo en komkommer

Ingrediënten:

1 bosje waterkers, afgespoeld en uitgelekt

10 tomatillo's, in de lengte gehalveerd, zonder zaadjes en in dunne plakjes

1/4 witte ui, gepeld, in de lengte gehalveerd en in dunne plakjes gesneden

1 grote komkommer, in de lengte gehalveerd en in dunne plakjes gesneden

Dressing

¼ kopje extra vergine olijfolie

2 scheutjes witte wijnazijn

Grof zout en zwarte peper

Voorbereiding

Combineer alle dressingingrediënten.

Gooi met de rest van de ingrediënten en meng goed.

Mango's Heirloom Tomaten-komkommersalade

Ingrediënten:

1 kop in blokjes gesneden mango's

3 Heirloom-tomaten, in de lengte gehalveerd, zonder zaadjes en in dunne plakjes gesneden

1/4 witte ui, gepeld, in de lengte gehalveerd en in dunne plakjes gesneden

1 grote komkommer, in de lengte gehalveerd en in dunne plakjes gesneden

Dressing

¼ kopje extra vergine olijfolie

2 scheutjes witte wijnazijn

Grof zout en zwarte peper

Voorbereiding

Combineer alle dressingingrediënten.

Gooi met de rest van de ingrediënten en meng goed.

Perziken en Tomatensalade

Ingrediënten:

1 kopje in blokjes gesneden perziken

5 middelgrote tomaten, in de lengte gehalveerd, zonder zaadjes en in dunne plakjes gesneden

1/4 witte ui, gepeld, in de lengte gehalveerd en in dunne plakjes gesneden

1 grote komkommer, in de lengte gehalveerd en in dunne plakjes gesneden

Dressing

¼ kopje extra vergine olijfolie

2 eetlepels. appelcider azijn

Grof zout en zwarte peper

Voorbereiding

Combineer alle dressingingrediënten.

Gooi met de rest van de ingrediënten en meng goed.

Salade van zwarte druiven en pruimtomaten

Ingrediënten:

12 stuks. zwarte druiven

5 middelgrote pruimtomaten, in de lengte gehalveerd, zonder zaadjes en in dunne plakjes gesneden

1/4 witte ui, gepeld, in de lengte gehalveerd en in dunne plakjes gesneden

1 grote komkommer, in de lengte gehalveerd en in dunne plakjes gesneden

Dressing

¼ kopje extra vergine olijfolie

2 scheutjes witte wijnazijn

Grof zout en zwarte peper

Voorbereiding

Combineer alle dressingingrediënten.

Gooi met de rest van de ingrediënten en meng goed.

Salade van rode druiven en courgette

Ingrediënten:

10 stuks. rode druiven

5 middelgrote pruimtomaten, in de lengte gehalveerd, zonder zaadjes en in dunne plakjes gesneden

1/4 witte ui, gepeld, in de lengte gehalveerd en in dunne plakjes gesneden

1 grote courgette in de lengte gehalveerd, in dunne plakjes gesneden en geblancheerd

Dressing

¼ kopje extra vergine olijfolie

2 scheutjes witte wijnazijn

Grof zout en zwarte peper

Voorbereiding

Combineer alle dressingingrediënten.

Gooi met de rest van de ingrediënten en meng goed.

Salade van rode kool en tomatillo

Ingrediënten:

1/2 middelgrote rode kool, in dunne plakjes gesneden

10 tomatillo's, in de lengte gehalveerd, zonder zaadjes en in dunne plakjes

1/4 witte ui, gepeld, in de lengte gehalveerd en in dunne plakjes gesneden

1 grote komkommer, in de lengte gehalveerd en in dunne plakjes gesneden

Dressing

¼ kopje extra vergine olijfolie

2 scheutjes witte wijnazijn

Grof zout en zwarte peper

Voorbereiding

Combineer alle dressingingrediënten.

Gooi met de rest van de ingrediënten en meng goed.

Napa Kool Enoki Champignon-komkommersalade

Ingrediënten:

1/2 middelgrote Napa-kool, in dunne plakjes gesneden

15 Enoki Champignons, in dunne plakjes

1/4 witte ui, gepeld, in de lengte gehalveerd en in dunne plakjes gesneden

1 grote komkommer, in de lengte gehalveerd en in dunne plakjes gesneden

Dressing

¼ kopje extra vergine olijfolie

2 eetlepels. appelcider azijn

Grof zout en zwarte peper

Voorbereiding

Combineer alle dressingingrediënten.

Gooi met de rest van de ingrediënten en meng goed.

Ananas Tomaat en Komkommer Salade

Ingrediënten:

1 kop ananasstukjes in blik

5 middelgrote pruimtomaten, in de lengte gehalveerd, zonder zaadjes en in dunne plakjes gesneden

1/4 witte ui, gepeld, in de lengte gehalveerd en in dunne plakjes gesneden

1 grote komkommer, in de lengte gehalveerd en in dunne plakjes gesneden

Dressing

¼ kopje extra vergine olijfolie

2 scheutjes witte wijnazijn

Grof zout en zwarte peper

Voorbereiding

Combineer alle dressingingrediënten.

Gooi met de rest van de ingrediënten en meng goed.

Appels Pruimtomaten en Komkommersalade

Ingrediënten:

1 kopje Fuji-appels in blokjes

5 middelgrote pruimtomaten, in de lengte gehalveerd, zonder zaadjes en in dunne plakjes gesneden

1/4 witte ui, gepeld, in de lengte gehalveerd en in dunne plakjes gesneden

1 grote komkommer, in de lengte gehalveerd en in dunne plakjes gesneden

Dressing

¼ kopje extra vergine olijfolie

2 scheutjes witte wijnazijn

Grof zout en zwarte peper

Voorbereiding

Combineer alle dressingingrediënten.

Gooi met de rest van de ingrediënten en meng goed.

Kersen Tomaten en Uien Salade

Ingrediënten:

1/4 kop kersen

3 Heirloom-tomaten, in de lengte gehalveerd, zonder zaadjes en in dunne plakjes gesneden

1/4 witte ui, gepeld, in de lengte gehalveerd en in dunne plakjes gesneden

1 grote courgette in de lengte gehalveerd, in dunne plakjes gesneden en geblancheerd

Dressing

¼ kopje extra vergine olijfolie

2 scheutjes witte wijnazijn

Grof zout en zwarte peper

Voorbereiding

Combineer alle dressingingrediënten.

Gooi met de rest van de ingrediënten en meng goed.

Augurk en Tomatensalade

Ingrediënten:

1/2 kop augurken

5 middelgrote tomaten, in de lengte gehalveerd, zonder zaadjes en in dunne plakjes gesneden

1/4 witte ui, gepeld, in de lengte gehalveerd en in dunne plakjes gesneden

1 grote komkommer, in de lengte gehalveerd en in dunne plakjes gesneden

Dressing

¼ kopje extra vergine olijfolie

2 scheutjes witte wijnazijn

Grof zout en zwarte peper

Voorbereiding

Combineer alle dressingingrediënten.

Gooi met de rest van de ingrediënten en meng goed.

Tomatillo en veldsla

Ingrediënten:

10 tomatillo's, in de lengte gehalveerd, zonder zaadjes en in dunne plakjes

1/2 kop ingeblikte maïs

1 grote komkommer, in de lengte gehalveerd en in dunne plakjes gesneden

Dressing

¼ kopje extra vergine olijfolie

2 eetlepels. appelcider azijn

Grof zout en zwarte peper

Voorbereiding

Combineer alle dressingingrediënten.

Gooi met de rest van de ingrediënten en meng goed.

Salade van rode kool, artisjokken en komkommer

Ingrediënten:

1/2 middelgrote rode kool, in dunne plakjes gesneden

1 kop artisjokken uit blik

1/2 middelgrote Napa-kool, in dunne plakjes gesneden

1 grote komkommer, in de lengte gehalveerd en in dunne plakjes gesneden

Dressing

¼ kopje extra vergine olijfolie

2 scheutjes witte wijnazijn

Grof zout en zwarte peper

Voorbereiding

Combineer alle dressingingrediënten.

Gooi met de rest van de ingrediënten en meng goed.

Salade van rode kool en artisjok van maïs

Ingrediënten:

1/2 kop ingeblikte maïs

1/2 middelgrote rode kool, in dunne plakjes gesneden

1 kop artisjokken uit blik

1 grote komkommer, in de lengte gehalveerd en in dunne plakjes gesneden

Dressing

¼ kopje extra vergine olijfolie

2 scheutjes witte wijnazijn

Grof zout en zwarte peper

Voorbereiding

Combineer alle dressingingrediënten.

Gooi met de rest van de ingrediënten en meng goed.

Augurken Druiven en Maïssalade

Ingrediënten:

1/2 kop augurken

10 stuks. rode druiven

1/2 kop ingeblikte maïs

Dressing

¼ kopje extra vergine olijfolie

2 scheutjes witte wijnazijn

Grof zout en zwarte peper

Voorbereiding

Combineer alle dressingingrediënten.

Gooi met de rest van de ingrediënten en meng goed.

Perziken Kersen en Zwarte Druivensalade

Ingrediënten:

1 kopje in blokjes gesneden perziken

1/4 kop kersen

12 stuks. zwarte druiven

1/4 witte ui, gepeld, in de lengte gehalveerd en in dunne plakjes gesneden

1 grote komkommer, in de lengte gehalveerd en in dunne plakjes gesneden

Dressing

¼ kopje extra vergine olijfolie

2 eetlepels. appelcider azijn

Grof zout en zwarte peper

Voorbereiding

Combineer alle dressingingrediënten.

Gooi met de rest van de ingrediënten en meng goed.

Ananas Mango's en Appelsalade

Ingrediënten:

1 kop ananasstukjes in blik

1 kop in blokjes gesneden mango's

1 kopje Fuji-appels in blokjes

1 grote courgette in de lengte gehalveerd, in dunne plakjes gesneden en geblancheerd

Dressing

¼ kopje extra vergine olijfolie

2 scheutjes witte wijnazijn

Grof zout en zwarte peper

Voorbereiding

Combineer alle dressingingrediënten.

Gooi met de rest van de ingrediënten en meng goed.

Salade van boerenkoolspinazie en waterkers

Ingrediënten:

1 bos boerenkool, afgespoeld en uitgelekt

1 bosje spinazie, afgespoeld en uitgelekt

1 bosje waterkers, afgespoeld en uitgelekt

Dressing

¼ kopje extra vergine olijfolie

2 scheutjes witte wijnazijn

Grof zout en zwarte peper

Voorbereiding

Combineer alle dressingingrediënten.

Gooi met de rest van de ingrediënten en meng goed.

Salade van waterkers, ananas en mango

Ingrediënten:

1 bosje waterkers, afgespoeld en uitgelekt

1 kop ananasstukjes in blik

1 kop in blokjes gesneden mango's

Dressing

¼ kopje extra vergine olijfolie

2 eetlepels. appelcider azijn

Grof zout en zwarte peper

Voorbereiding

Combineer alle dressingingrediënten.

Gooi met de rest van de ingrediënten en meng goed.

Tomaten Appels en Perziken Salade

Ingrediënten:

5 middelgrote tomaten, in de lengte gehalveerd, zonder zaadjes en in dunne plakjes gesneden

1 kopje Fuji-appels in blokjes

1 kopje in blokjes gesneden perziken

1/4 kop kersen

Dressing

¼ kopje extra vergine olijfolie

2 scheutjes witte wijnazijn

Grof zout en zwarte peper

Voorbereiding

Combineer alle dressingingrediënten.

Gooi met de rest van de ingrediënten en meng goed.

Enoki Champignon Maïs en Rode Kool Salade

Ingrediënten:

15 Enoki Champignons, in dunne plakjes

1/2 kop ingeblikte maïs

1/2 middelgrote rode kool, in dunne plakjes gesneden

1 kop artisjokken uit blik

Dressing

¼ kopje extra vergine olijfolie

2 scheutjes witte wijnazijn

Grof zout en zwarte peper

Voorbereiding

Combineer alle dressingingrediënten.

Gooi met de rest van de ingrediënten en meng goed.

Tomatillo's en appelsalade

Ingrediënten:

10 tomatillo's, in de lengte gehalveerd, zonder zaadjes en in dunne plakjes

1 kopje Fuji-appels in blokjes

1 kopje in blokjes gesneden perziken

Dressing

¼ kopje extra vergine olijfolie

2 eetlepels. appelcider azijn

Grof zout en zwarte peper

Voorbereiding

Combineer alle dressingingrediënten.

Gooi met de rest van de ingrediënten en meng goed.

Tomaten Pickles en Druivensalade

Ingrediënten:

3 Heirloom-tomaten, in de lengte gehalveerd, zonder zaadjes en in dunne plakjes gesneden

1/2 kop augurken

10 stuks. rode druiven

1/2 kop ingeblikte maïs

Dressing

¼ kopje extra vergine olijfolie

2 scheutjes witte wijnazijn

Grof zout en zwarte peper

Voorbereiding

Combineer alle dressingingrediënten.

Gooi met de rest van de ingrediënten en meng goed.

Salade van rode kool, artisjok en komkommer

Ingrediënten:

1/2 middelgrote rode kool, in dunne plakjes gesneden

1 kop artisjokken uit blik

1 grote komkommer, in de lengte gehalveerd en in dunne plakjes gesneden

Dressing

¼ kopje extra vergine olijfolie

2 scheutjes witte wijnazijn

Grof zout en zwarte peper

Voorbereiding

Combineer alle dressingingrediënten.

Gooi met de rest van de ingrediënten en meng goed.

Ananas Mango Appel-komkommersalade

Ingrediënten:

1 kop ananasstukjes in blik

1 kop in blokjes gesneden mango's

1 kopje Fuji-appels in blokjes

1 grote komkommer, in de lengte gehalveerd en in dunne plakjes gesneden

Dressing

¼ kopje extra vergine olijfolie

2 scheutjes witte wijnazijn

Grof zout en zwarte peper

Voorbereiding

Combineer alle dressingingrediënten.

Gooi met de rest van de ingrediënten en meng goed.

Artisjok Napa Kool-komkommersalade

Ingrediënten:

1 kop artisjokken uit blik

1/2 middelgrote Napa-kool, in dunne plakjes gesneden

1 grote komkommer, in de lengte gehalveerd en in dunne plakjes gesneden

Dressing

¼ kopje extra vergine olijfolie

2 scheutjes witte wijnazijn

Grof zout en zwarte peper

Voorbereiding

Combineer alle dressingingrediënten.

Gooi met de rest van de ingrediënten en meng goed.

Tomaten Kool- en Wortelsalade

Ingrediënten:

3 Heirloom-tomaten, in de lengte gehalveerd, zonder zaadjes en in dunne plakjes gesneden

1/2 middelgrote Napa-kool, in dunne plakjes gesneden

5 worteltjes

Dressing

¼ kopje extra vergine olijfolie

2 scheutjes witte wijnazijn

Grof zout en zwarte peper

Voorbereiding

Combineer alle dressingingrediënten.

Gooi met de rest van de ingrediënten en meng goed.

Napa Koolwortelen en Komkommersalade

Ingrediënten:

1/2 middelgrote Napa-kool, in dunne plakjes gesneden

5 worteltjes

1 grote komkommer, in de lengte gehalveerd en in dunne plakjes gesneden

Dressing

¼ kopje extra vergine olijfolie

2 eetlepels. appelcider azijn

Grof zout en zwarte peper

Voorbereiding

Combineer alle dressingingrediënten.

Gooi met de rest van de ingrediënten en meng goed.

Boerenkool Ananas en Komkommer Salade

Ingrediënten:

1 bos boerenkool, afgespoeld en uitgelekt

1 kop ananasstukjes in blik

1 grote komkommer, in de lengte gehalveerd en in dunne plakjes gesneden

Dressing

¼ kopje extra vergine olijfolie

2 eetlepels. appelcider azijn

Grof zout en zwarte peper

Voorbereiding

Combineer alle dressingingrediënten.

Gooi met de rest van de ingrediënten en meng goed.

Boerenkool Ananas en Perzik Salade

Ingrediënten:

1 bos boerenkool, afgespoeld en uitgelekt

1 kop ananasstukjes in blik

1 kopje in blokjes gesneden perziken

Dressing

¼ kopje extra vergine olijfolie

2 scheutjes witte wijnazijn

Grof zout en zwarte peper

Voorbereiding

Combineer alle dressingingrediënten.

Gooi met de rest van de ingrediënten en meng goed.

Napa Kool Wortelen en Waterkers Salade

Ingrediënten:

1/2 middelgrote Napa-kool, in dunne plakjes gesneden

5 worteltjes

1 bosje waterkers, afgespoeld en uitgelekt

Dressing

¼ kopje extra vergine olijfolie

2 scheutjes witte wijnazijn

Grof zout en zwarte peper

Voorbereiding

Combineer alle dressingingrediënten.

Gooi met de rest van de ingrediënten en meng goed.

Napa Kool en Enoki Champignonsalade

Ingrediënten:

15 Enoki Champignons, grondig gespoeld en in dunne plakjes gesneden

1/2 middelgrote Napa-kool, in dunne plakjes gesneden

5 worteltjes

1 bosje waterkers, afgespoeld en uitgelekt

Dressing

¼ kopje extra vergine olijfolie

2 scheutjes witte wijnazijn

Grof zout en zwarte peper

Voorbereiding

Combineer alle dressingingrediënten.

Gooi met de rest van de ingrediënten en meng goed.

Napa Kool Waterkers en Wortelsalade

Ingrediënten:

1/2 middelgrote Napa-kool, in dunne plakjes gesneden

5 worteltjes

1 bosje waterkers, afgespoeld en uitgelekt

1/4 witte ui, gepeld, in de lengte gehalveerd en in dunne plakjes gesneden

1 grote komkommer, in de lengte gehalveerd en in dunne plakjes gesneden

Dressing

¼ kopje extra vergine olijfolie

2 scheutjes witte wijnazijn

Grof zout en zwarte peper

Voorbereiding

Combineer alle dressingingrediënten.

Gooi met de rest van de ingrediënten en meng goed.

Artisjokken Napa Kool en Uiensalade

Ingrediënten:

1 kop artisjokken uit blik

1/2 middelgrote Napa-kool, in dunne plakjes gesneden

1/4 witte ui, gepeld, in de lengte gehalveerd en in dunne plakjes gesneden

1 grote courgette in de lengte gehalveerd, in dunne plakjes gesneden en geblancheerd

Dressing

¼ kopje extra vergine olijfolie

2 eetlepels. appelcider azijn

Grof zout en zwarte peper

Voorbereiding

Combineer alle dressingingrediënten.

Gooi met de rest van de ingrediënten en meng goed.

Salade van pruimtomaat, artisjok en Napa-kool

Ingrediënten:

5 middelgrote pruimtomaten, in de lengte gehalveerd, zonder zaadjes en in dunne plakjes gesneden

1 kop artisjokken uit blik

1/2 middelgrote Napa-kool, in dunne plakjes gesneden

Dressing

¼ kopje extra vergine olijfolie

2 scheutjes witte wijnazijn

Grof zout en zwarte peper

Voorbereiding

Combineer alle dressingingrediënten.

Gooi met de rest van de ingrediënten en meng goed.

CPSIA information can be obtained
at www.ICGtesting.com
Printed in the USA
BVHW091253090522
636524BV00038B/2114